Pigion y Talwrn

14

Pigion y Talwrn

14

Gol. Ceri Wyn Jones

Cyhoeddiadau Barddas

Cyhoeddwyd holl gerddi'r gyfrol hon gyda chaniatâd
caredig Radio Cymru.

Argraffiad cyntaf 2023

ISBN 978-191-1584-73-5

Cyhoeddwyd gan Gyhoeddiadau Barddas gyda chymorth ariannol Cyngor Llyfrau Cymru.

Argraffwyd gan Y Lolfa, Talybont.

Cyhoeddiadau
barddas

BBC RADIO
CYMRU

CYNNWYS

CYFLWYNIAD

Aeth 42 o flynyddoedd heibio ers cyhoeddi'r gyfrol *Pigion Talwrn y Beirdd*. Hwn oedd detholiad Gerallt Lloyd Owen o uchafbwyntiau dwy gyfres gyntaf rhaglen newydd BBC Radio Cymru. Yn ei gyflwyniad i'r gyfrol, dywedodd Gerallt:

> Tasg enfawr ond tasg bleserus iawn oedd dethol y pigion hyn. Yr oedd yn gwbl amlwg o'r dechrau na ellid sicrhau fod pob bardd a fu ar y rhaglen yn cael ei gynrychioli yma. Os oes rhai enwau yn eisiau, ymddiheuraf am hynny.

42 o flynyddoedd yn ddiweddarach yr un yw testun fy nghân innau wrth i mi gyflwyno cyfrol *Pigion* rhif 14 i chi, yr ail ddetholiad i mi ei olygu fel Meuryn y gyfres. Mae'n cynnwys pigion y cerddi hynny a ddarlledwyd ar y *Talwrn* rhwng mis Ionawr 2017 a mis Awst 2023. Ac wrth ymdrin â phynciau'r cyfnod cythryblus hwn, o broses Brexit ac arlywyddiaeth Donald Trump i bandemig Covid-19 a'r rhyfel yn Wcrain, bu cerddi'r beirdd yn ddrych o'r cyfnod.

Mae hynny'n arbennig o wir yng nghyd-destun y pandemig, fel y gwelwch, er enghraifft, yn nwyster rhai o'r cerddi ar dudalennau 72-76, 148-152 a 186-192. Cewch eich hatgoffa hefyd o enwau a mudiadau eiconig y blynyddoedd diweddar, fel Black Lives Matter, heb sôn am holl gyffro ymgyrchoedd y tîm pêl-droed cenedlaethol. Cewch yma yn ogystal gerddi mwy personol ac oesol yn cofnodi'n mynd a dod ni fel unigolion ac fel cymdeithas ehangach. Wedi'r cwbwl, ni raid wrth benawdau'r papurau newydd i farddoniaeth fod yn gyfoes a pherthnasol.

Bu raid i raglen y *Talwrn* hithau feudwyo yn ystod y pandemig. Rhwng canol Mawrth 2020 a dechrau Gorffennaf 2022, cynhaliwyd gornestau'r gyfres yn Stydi'r Meuryn yn Aberteifi, gyda neb, namyn y Meuryn, yn bresennol. Mae'n rhyddhad i bawb fod y *Talwrn* bellach wedi ailgydio yn y teithio wythnosol o leoliad i leoliad dros Gymru. Diolch, felly, i bawb a phobman a estynnodd groeso i ni. A diolch i'r gwrandawyr am eu ffyddlondeb a'u brwdfrydedd trwy'r cwbwl.

Diolch hefyd i'r beirdd am eu teyrngarwch a'u dyfeisgarwch – ac am fod mor hawddgar yn eu hymwneud â mi, ni waeth beth yw canlyniad yr ornest neu'r cam a wnaed â nhw'n bersonol. Fe sylwch fod rhai o'r beirdd wedi cynrychioli mwy nag un tîm yn ystod y cyfnod. Fel popeth arall, mynd a dod yw hanes timau'r *Talwrn*. Newid eu henwau yw hanes rhai ohonynt hefyd. Peidiwch â drysu, felly, wrth weld fod beirdd Dinas Mawddwy a'r cyffiniau wedi cynrychioli yn eu tro dimau'r Llew Coch, Gwylliaid y Llew Coch, Gwylliaid Cochion y Llew, Dinasyddion Cochion, Gwylliaid Cochion a Llewod Cochion!

Diolch i Nia Lloyd Jones, cynhyrchydd y *Talwrn,* ac i holl griw'r BBC am eu cefnogaeth. Diolch hefyd i Dwynwen Morgan am ei chyfraniad hithau fel cynhyrchydd y gyfres rhwng 2002 a 2020. Ac, yn olaf, diolch i Gyhoeddiadau Barddas am y gwahoddiad i hel y gyfrol ynghyd ac i Elena Morus am ei llywio trwy'r wasg.

Mwynhewch y darllen a'r dwyn i gof.

Ceri Wyn Jones

TRYDARGERDDI

Trydargerdd:
pennill sydd, fel un
o negeseuon X, heb
fod dros 280 o
nodau cyfrifiadurol

NEWYDDION O'R SIOE FRENHINOL

Tri llo, un hwrdd bygythiol
a cheiliog cystadleuol
a aeth i'r YPV am dro
a theimlo'n go gartrefol.

Gwennan Evans (Ffoaduriaid)

NEGES O GROESO

(Chwefror 2017)

Eira nad oes mo'i oerach ddaw o hyd,
ond doist ddoe yn wynnach
allan i fyd sydd bellach
mor ddyrys, fy eirlys fach.

Tudur Dylan Jones (Tir Iarll)

ENWEBIAD I'R ORSEDD

(Geraint Thomas)

Er y brath ym mhob llathen, y ddraig goch
oedd ar gefn ein mellten;
i ditw'r Tour rhowch fraint hen,
i'w foli rhowch Wisg Felen.

Rhys Iorwerth (Dros yr Aber)

NEGES YN ESBONIO ABSENOLDEB

Nid wyf wrth law i'ch croesawu heddiw
ond roedd yn bryd canu'n
iach, ffrindiau: bu'r dyddiau du
yn rhy unig i'w rhannu.

Philippa Gibson (Tan-y-groes)

NEGES YN ESBONIO ABSENOLDEB

Tynnais ben fy Marbi
Ac yna'i choes un dydd;
Ni allwn ddod i'r ysgol,
Roedd gen i ddoli rydd.

Aled Evans (Beirdd Myrddin)

GAIR O GYNGOR FFASIWN

Mi dd'udodd rhywun wrtha'i dros sigarét
nad wyt ti'n fardd go iawn nes ti'n gwisgo het.

Iestyn Tyne (Prentisiaid)

DATGANIAD ANNISGWYL AR FAES YR EISTEDDFOD

Dwi ddim yn un fel rheol
am ddynion moel â sbectol
ond mewn gwisg werdd mae gwŷr mewn oed,
fel coed, yn eithaf rhywiol.

Gwennan Evans (*Ffoaduriaid)*

CWESTIWN AC ATEB ARHOLIAD

O fesur holl arwyneb
ac onglau tragwyddoldeb,
amcangyfrwch werth ein byw ...
ai Duw yw'r unig ateb?

Owain Rhys (*Aberhafren*)

CWESTIWN AC ATEB ARHOLIAD

Mae deugain o ddefaid ar ddibyn.
Syrth chwech. Faint fydd ar ôl wedyn
    I agor y cwest?
    Rhifyddeg yw'r *test*:
Dim un, byddai'r *rest* wedi dilyn!

Gareth Ioan (Ffostrasol)

APÊL AM DYSTION

Mae corn gwddw'r gath
Wedi'w stretshio dair llath.
Oes rhywun yn fa'ma yn gwybod pwy 'nath?

Gareth Jones (Tir Mawr)

NEGES YN MYNEGI SIOM

Ni chefais alwad ganddi,
Na llith mewn amlen wen,
Dim ond rhyw ddau emoji
I ddweud ein bod ar ben.

Bryan Stephens (Beirdd Myrddin)

GALWAD AM GYMORTH

Mae hyn yn ddifrifol.
Dwi'n styc yn y bog
yn rhannu y *loo roll*
â Jacob Rees-Mogg.

Rhys Iorwerth (Dros yr Aber)

CYNGOR I FAM NEWYDD

Bydd rhaid i ti ddysgu pan ddaw
Y grefft o gael gwared â baw,
    Coginio sawl pryd
    A golchi o hyd
A'i wneud e i gyd ag un llaw.

Philippa Gibson (Tan-y-groes)

CRYNODEB O UCHAFBWYNTIAU GÊM

Ci Madryn Isa 'di mynd efo'r bêl.
Ffeit hanner amser a phawb 'di cael êl.
Canlyniad terfynol o Barc Noah Vale?
9 yn nhŷ'r doctor a 4 yn jêl.

Gareth Jones (Tir Mawr)

CYWIRIAD I BENNAWD PAPUR NEWYDD

Fe hoffai Duw ymddiheuro
Am bennawd *Y Goleuad* i chi:
Nid ddoe oedd diwedd y byd i fod
Ond Sul nesa', tua chwarter i dri.

Rhiain Bebb (*Gwylliaid Cochion*)

CYWIRIAD I BENNAWD PAPUR NEWYDD

Bu inni sôn fod Bob Bodie Mawr,
tristwch mawr, 'di colli'i Frawd;
newyddion da a sori mawr,
mae Bob Bodie Mawr 'di colli'i Fawd.
#thumbsup

Arwel Emlyn Jones (*Ysgol y Berwyn*)

CAIS AM DDINASYDDIAETH
(Gwladwriaeth Ffrainc)

Un o Nantes oedd tad fy nain, – un heini
Â winwns nid bychain.
Cafodd Mam yr un ddamwain;
Dyma *moi* o Ryd-y-main.

Iwan Bryn James (Y Cŵps)

YMATEB I GAIS AM ADBORTH

Bu'n gwrs difrifol, dros wyth awr,
affwysol ei ddiflastod mawr.
Ond i gael dianc ddiwedd pnawn
fe diciaf i 'defnyddiol iawn'.

Carwyn Eckley (Dros yr Aber)

RHYBUDD MELYN

Mae arwydd trwy'r tymhorau: yn y paith,
yng nghwymp iâ'r pegynau,
yn y brwmstan a'r tanau. Pryderwn.
yn daer, nodiwn. Ymlaen â'n diwrnodau.

Rhys Iorwerth (*Dros yr Aber*)

GAIR O DDIOLCH

(am fywyd Prys Edwards)

Yn ei antur roedd plentyn, – yn y llw
roedd tri lliw yn gyfun,
yn y llais roedd traeth a llyn
a thad yn y bathodyn.

Idris Reynolds (*Crannog*)

CYFARCHIAD AR Y RADIO

I fy mam-gu sy'n gant a deg
a wnewch chi chwarae cân?
Er nad yw'n gallu clywed lot
mae'n hoff iawn o Wil Tân.

Gwennan Evans (*Ffoaduriaid*)

CYHUDDIAD O DWYLL

'Twyll yn Kansas, twyll yn Georgia,
A thwyll mawr ym Mhensylfania,
Twyll ym Maine ac Arizona ...'
Twyll dy din di, was, cer o'ma!

Hywel Griffiths (Y Glêr)

HYBU CYNALADWYAETH

O droi'n gynnil, gyda'n gilydd – mae modd
cael mwy, cael stôr ddedwydd
byd iach ar agor bob dydd
nid ar gau yn dragywydd.

Philippa Gibson (Crannog)

CYHOEDDI APWYNTIAD AELOD NEWYDD O STAFF

Ni wnaeth unrhyw un ymgeisio
am y job ar fy fan arlwyo.
Rhof fy ffedog, felly, yn ôl;
bydd rhaid i minnau lenwi'r rôl.

Gwennan Evans (Ffoaduriaid)

CYNGOR I GADW'N DDIOGEL

I'r sawl sy'n gwrthod mwgwd
Wrth siopa am dorth wen,
Wel, tynned ei bans amdano
A gwisged am ei ben.

Gwenallt Llwyd Ifan (Tal-y-bont)

CYNGOR I GADW'N DDIOGEL

#ArhoswchAdre
Yn fy *un* risg leiaf i, yn fy un
        rheol fach 'di'i thorri,
    fe fydd wedyn dy un di,
    a'r un a'r un yn cronni ...

Rhys Iorwerth (Dros yr Aber)

NODYN I ATGOFFA

Traed brain ar damaid o daleb
a'r neges mor
glymog o gwta.

Y geiriau'n gleisiau ar wyneb
y papur –
mor hawdd oedd ei gymryd
yn sbwriel.

Gareth Evans Jones (Y Chwe Mil)

LOBÏO

Yn y gornel dawela', yn waraidd,
dacw nhw'r hen ffrindia'
pwerus yn swpera
i greu ffrwd o elw da.

Rhys Iorwerth (Dros yr Aber)

PENNILL YN RHOI SGLEIN GADARNHAOL AR UN O BENAWDAU'R NEWYDDION

('Downing Street party: No 10 staff joked about party amid lockdown restrictions')

Do, fe gafwyd parti
â'r byd i gyd dan glo,
ond cadwyd at reolau,
ein rheolau ni, on'd do?

Gwenallt Llwyd Ifan (Tal-y-bont)

SUT I LADD AMSER

Diogi yw gwaith Dion eleni,
Ond ni chlywn mohono'n
Gwneud ei waith gan nad yw o'n
Diogi hanner digon.

Tudur Dylan Jones (Tir Iarll)

NEWID ENW

Er deud, deud a deud wrth Suella,
''Mond enw ein tîm ni 'di hwnna',
    roedd honno yn danbaid
    dros hel Ffoaduriaid
a'n danfon yn haid i Rwanda.

Gruffudd Owen (Ffoaduriaid)

GWEDDI GYFOES

Ein Robert Page, yr hwn wyt yn y tracwisg.
Sancteiddier dy garfan.
Deled dy Zombie Nation.
Megis yn y nef, felly yn y Wal Goch hefyd.
Dyro i ni heddiw'n goliau Bale beunyddiol.
Ac arwain ni i Qatar
Canys eiddot ti yw ysbryd '58, a'r ddraig, a'r gogoniant
Yn oes curo Saeson.
Amen.

Rhys Iorwerth (Dros yr Aber)

GWEDDI GYFOES

Â gwên ffyddiog anffyddiwr, – o ddewis
    ces ddiosg fy mhrynwr,
  ond gwn na all enaid gŵr
  dy waredu, Waredwr.

Gruffudd Owen (Ffoaduriaid)

DAROGAN AR GYFER 2023

Daw'r apocalyps i'r ddaear
A throi'r byd yn belen dân;
Llosgi'n ulw'r holl ddynoliaeth;
Ffrwydro'r blaned yn llwch mân.
Ac ni fydd dim ar ôl 'rôl tranc y byd –
'Mond Dafydd Iwan yn canu 'Yma o Hyd'.

Emlyn Gomer (Caernarfon)

EPIGRAMAU DYCHANOL

Pesgi ar y tsips a'r pysgod y mae
ym mar y Gwyddelod;
yn uniaith, yn binc hynod,
gorau Brit yw Brit Abroad.

Carwyn Eckley (*Dros yr Aber*)

Er trymed y pwysau mewn ambell waled,
rhyfeddol o fach yw maint y boced.

Anwen Pierce (Tal-y-bont)

Dymuniad y dorf, pan gaiff dyn lwyfan,
Yw gwybod be wnaiff pan fo wrtho'i hunan.

Hywel Griffiths (Y Glêr)

A fynno ymnadreddu
Trwy rwyd rheolau caeth,
Boed iddo drefnu parti
A'i alw'n sesiwn waith.

Robat Powell (Tanau Tawe)

Y tywydd gwlyb sy'n gwybod
yn ddi-ail pa bryd i ddod.

Mari George (Aberhafren)

Ysgolhaig yw'r sawl, medd rhai,
Ŵyr fwy a mwy am lai a llai.

Tudur Puw (Manion o'r Mynydd)

Fe wn yn iawn pa beth ydyw digon,
Sef mwy o hyd na feddaf yr awron.

Meirion Jones (Derwyddon)

I'r rhai hŷn rhoed y tair 'R',
I law ifanc ffôn glyfar.

Idris Reynolds (Crannog)

CWPLEDI

I gael deg mi rof gil-dwrn
I rotweilar y Talwrn.

Ar lonydd yr olyniaeth,
Cario llog mae'r tancer llaeth.

Hywel Griffiths (Y Glêr)

Y to hŷn trwy Brexit aeth
Adref i'w Hymerodraeth.

Idris Reynolds (Crannog)

Er mor bert yw'r môr o'r bae,
dienaid yw ei donnau.

Aled Evans (Beirdd Myrddin)

I gael deg mi rof gil-dwrn
I rotweilar y Talwrn.

Moi Parri (Tegeingl)

Un llif byw'n llifo beunydd
yw'r llun ar declyn ein dydd.

Ffion Gwen (Hiraethog)

Trin y waun sy'n troi'n hanes
gan nad yw pridd yn gwneud pres.

Gruffudd Owen (Ffoaduriaid)

Y gamp ydy credu'r gwir
O enau rhywun anwir.

Rhiain Bebb (Llew Coch)

Nid oedd Llinos am noswaith
Yn wych iawn, na'i mam hi, chwaith.

Dai Rees Davies (Ffostrasol)

Bwrw hollt wna'r ewyn braf
A dyrnu'r graig gadarnaf.

Emyr Davies (Tir Iarll)

Er i rai fy ngweld, wir yr,
yr own yn tŷ, *Your Honour.*

Iwan Rhys (Dros yr Aber)

Ni waeth am wae ein gaeaf
Pan gawn un prynhawn o haf.

Ann Richards (Tan-y-groes)

Yng nghalon glaf yr Afal
y mae dagrau'r tyrau tal.

Annes Glynn (Criw'r Ship)

Malurio mae haul eirias
Seiliau oer yr Ynys Las.

Dafydd Williams (Llanrug)

Weithiau y weithred ddoetha'
Yw dweud dim am dy waith da.

Geraint Volk (Glannau Teifi)

Wedi 'clic', daw ystictod:
Nid i'w fam mae'r *text* i fod.

Myrddin ap Dafydd (Tir Mawr)

Yn Sarn neu 'Nghalamazoo
Daw i bobun wneud bwbw.

Huw Meirion Edwards (Y Cŵps)

Dawn un gair yw dwyn i go'
lun o'r dyn nad yw yno.

Gwerfyl Price (Gwylliaid Cochion y Llew)

Y dwyn nad yw 'ond unwaith'
sy'n gosod sail i'r ail waith.

Carwyn Eckley (Dros yr Aber)

Boddha rym, a bydd ar waith,
Amau grym a'i gyr ymaith.

Eurig Salisbury (Y Glêr)

Ar unwaith gallaf ffroeni
Os yw dyn yn C.I.D.

Iwan Bryn James (Y Cŵps)

Os ein cân sy'n ein cynnal,
be 'di'r otsh am bedair wal?

Llŷr Gwyn Lewis (Ffoaduriaid)

Mewn hin deg mae'r clymau'n dal;
Sigo undod wna sgandal.

Ifan Prys (Caernarfon)

Cryfhau ar ôl cweiriau fil
yw tueddiad crwt eiddil.

Carwyn Eckley (Dros yr Aber)

Y sinic wêl yn Siôn Corn
Gyfalaf ar gyfeiliorn.

Llion Jones (Caernarfon)

Mae arwyr yn ymyrryd
Am fod dihirod o hyd.

Hywel Griffiths (Y Glêr)

'Golden Shore' oedd ryw fore,
Ond 'Aur y Llyn' ydyw'r lle.

Geraint Morgan (Tanau Tawe)

Daw i'n tir dderi ryw ddydd
os yw'r mes ar y meysydd.

Tudur Dylan Jones (Tir Iarll)

Mewn Talwrn ym Mhontweli
un tro cefais un deg tri.

Iwan Rhys (Dros yr Aber)

Hen ŵr crac yw Ceri Wyn,
Oherwydd fe yw'r meuryn.

Osian Rhys Jones (Y Glêr)

Ni all Camp Lawn prynhawnau
Fynnu'r ddeddf a wna'n rhyddhau.

Idris Reynolds (Crannog)

Rhy glyd yw beio'r gwleidydd
am bob dim yr ŷm bob dydd.

Gruffudd Owen (Ffoaduriaid)

Es yn oer pan welais Nain
â dau fys yn gwneud *v-sign*.

Tudur Dylan Jones (Tir Iarll)

Gwn fod Iolo Morganwg
yn gneud drygs. Am hogyn drwg!

Gruffudd Owen (Ffoaduriaid)

Hir yw'r ciw am y diwerth,
byr yw'r rhes lle bo rhyw werth.

Dafydd Williams (Llanrug)

Nid aur yw paned o de
Ond 'Aah!' mae werth pob dime.

Arwel Emlyn Jones (Arglwydd De Grey)

'Os' a 'pe' sy'n gyfle'i gyd,
Hwy biau troeon bywyd.

Richard Parry Jones (Bro Alaw)

Yn eu henaint, troi'n annoeth
wna cynghorion dynion doeth.

Gruffudd Owen (Ffoaduriaid)

On'd oedd fel tasa'r dyddiau'n
un pnawn hir, pan o'n ni'n iau?

Llŷr Gwyn Lewis (Ffoaduriaid)

Y prynhawn sy'n poeri'n ôl
eiriau'r briwio boreol.

Idris Reynolds (Crannog)

Daw inni gip, dyna i gyd,
Dros riniog drws yr ennyd.

Huw Meirion Edwards (Y Cŵps)

Geiriau doeth pob creigiwr da:
Paid rhoi cip tua'r copa.

Carwyn Eckley (Dros yr Aber)

Fesul modfedd fe feddwn
Yn ôl, trwy hawl, y tir hwn.

Carys Parry (Tir Mawr)

Afal sur o flasau ha'
Yw'r loes am Fari Lisa.

Nia Powell (Manion o'r Mynydd)

Heb yr angerdd lle cerddai
Mirain Llwyd, mae Cymru'n llai.

Gruffudd Owen (Ffoaduriaid)

Pa rai ffôl a etholwyd
all gyfiawnhau banciau bwyd?

Anwen Pierce (Tal-y-bont)

Gwae ni fod rhaid i'r ifanc
orfod byw ar fwyd y banc.

Carwyn Eckley (Dros yr Aber)

Nid yw mil ond newid mân
i'r gŵr sy'n graig o arian.

Carwyn Eckley (Dros yr Aber)

Troi'n haws i'n ffrindiau triw ni
wna olwynion haelioni.

Llion Pryderi Roberts (Aberhafren)

Dymuno rhagor fory
ydi sail pob gofid sy'.

Gruffudd Antur (Penllyn)

Rhaid cael wedi'r cordiau cain
Saib i'w hud ddiasbedain.

Emyr Davies (Tir Iarll)

Mae rhai wneith heip dros deipo:
rhyw garu'r iaith mewn i'r gro.

Llŷr Gwyn Lewis (Ffoaduriaid)

Mwya'r heip i'm harwr i,
mwya'r siom yw'r wers imi.

Carwyn Eckley (Dros yr Aber)

Hawdd i glawdd rhoi gwlad dan glo;
astrus yw'r gwaith dadrwystro.

Dafydd Evan Morris (Tegeingl)

Hon dy iaith sydd iti'n dâl,
Ond yn gost yn ogystal.

Tudur Dylan Jones (Tir Iarll)

Bwyta'r aer i mi bob tro
yw apêl twll mewn polo.

Geraint Roberts (Beirdd Myrddin)

Yn y ffeit rhwng pys a ffa,
moronen fu'n meuryna.

Iwan Rhys (Dros yr Aber)

Cei â drôn yno'n y nen
Hawlio gwaed â'th lygoden.

Osian Rhys Jones (Y Glêr)

Os oes sein bo'n ffôn i'n sâl,
wyf aflonydd filenial.

Gethin Wynn Davies (Ffoaduriaid)

Meudwy heb fodrwy ar fys,
Ei Massey sydd fel *missus*.

Angharad Penrhyn Jones (Llewod Cochion)

Ar feic, rhydd dyn mewn leicra,
Gyda'i din, un targed da.

Nia Llewelyn (Glannau Teifi)

Am *high noon* pan oeddwn iau,
Pedolwn y pedalau.

Eurig Salisbury (Y Glêr)

Ni ddaw'r rhaff o wddw'r iaith
O gyfri na thrwy gyfraith.

Huw Meirion Edwards (Y Cŵps)

Plîs, O plîs, Mona Lisa,
Dyro wên i dorri'r iâ.

Rachel Philipps James (Beca)

Onid gweld ein du a gwyn
yw mawredd camp y Meuryn?

Geraint Roberts (Beirdd Myrddin)

Mynd mas yw nod y glasoed,
nos a dydd, nes dod i oed.

John Rhys Evans (Crannog)

Tu fas, y mae tyfu fej
yn haws na thyfu sosej.

Gethin Wynn Davies (Ffoaduriaid)

LIMRIGAU

'Cystadlu sy'n bwysig' yw'r mantra
Ond nid pan mae'n dod i limriga.
Pa ots os yw'n graff,
Neu hyd 'n oed yn braff,
Os na chewch chi lâff yn lein ola'?

I Rufain yr af unwaith eto,
Nid i opera fawr *Rigoletto*
  Na chwaith i roi clod
  I Cesar bo'r nod,
Ond am fy mod eisiau Cornetto.

Erin Prysor (Ysgol y Berwyn)

Mi glywais ei bod hi'n orfodol
I wisgo masg gwrth-ymbelydrol
  Cyn mentro i'r toiled
  Ar ôl Wncwl Aled
I'w llnau gydag arfau cemegol.

Gareth Jones (Tir Mawr)

Ar ôl i mi godi'r sied gneifio,
a'r parlwr i gant o dda godro,
  y garej i'r ceir,
  a chwt bach i'r ieir,
fe holais yr adran gynllunio.

Endaf Griffiths (Crannog)

Rwy'n siŵr i mi glywed Delilah
yn tagu ar frechdan banana.
Fe'i helpwn ar hast
pe na bai'n shwt ast;
fe jecia'i fy e-byst yn gynta'.

Gwennan Evans (Ffoaduriaid)

Mae 'ngwraig i yn anodd i'w phlesio.
Duw'n unig a ŵyr, dwi 'di trio.
Wir rŵan, dwi wedi –
Ddwy waith ym mis Medi,
A 'leni, fydd raid cynnig eto.

Arwel Roberts (Criw'r Ship)

Mi es i am wythnos i'r gofod
Sydd yna uwchben yr atalnod,
Rhoddais farc am i lawr
Gyda beiro reit fawr
Ac yno yn awr mae ebychnod!

Owain Rhys (Aberhafren)

Mynyddog oedd awdur y geirie
'Does unman yn debyg i gartre',
Sy'n profi na fu,
Er cystal ei dŷ,
Yn llofft gefn y Plu efo Daphne.

Arwel Roberts (Criw'r Ship)

'Hedfanais ar frys i Awstralia –
Ma' raid mynd ar sbid yn y plên, ia,'
Medda Kevin y Cofi,
'Chos 'sa chdi yn slofi
'Sa graf'ti yn gneud ti ddod lawr, ia.'

Pryderi Jones (Gwylliaid Cochion y Llew)

Â bwnsiad o flodau Azalea,
hedfanais ar frys i Ostrêilia
at ferch o Syr Hugh,
ond jest cyn cael rhyw,
fe'i llyncwyd yn fyw. Crocodeil, ia.

Rhys Iorwerth (Dros yr Aber)

Gofynnais i'r dyn yn garedig
am fater o bwys academig;
    doedd yr ateb 'm yn glir
    (er yn eithriadol o hir)
deud y gwir, 'sa'm yn ffitio mewn limrig.

Iestyn Tyne (Prentisiaid)

'Rhen Philip ga'dd ddamwain â'i gerbyd:
Fe fwr'odd rhyw gar, yna moelyd.
    Gan fod y dyn blin
    Yn perthyn i'r Cwîn
Arestiwyd rhyw ddyn o Lanrhystud.

Iolo Jones (Ffostrasol)

Mae hanes o hyd ym Mhenmynydd
am ŵr sydd yn bwyta dail prysgwydd
    a brwyn a briallu.
    Ym Môn, rwy'n dychmygu
fod hynny yn dipyn o gynnydd.

Rhys Iorwerth (Dros yr Aber)

Cai Gwasg Carreg Gwalch stondin newydd,
Un enfawr ar gyfer bob tywydd.
    Yn y bariau bob un
    Fe rown Gwrw Llŷn,
Pe bawn i ryw ddydd yn Archdderwydd.

Myrddin ap Dafydd (Tir Mawr)

'Cystadlu sy'n bwysig' yw'r mantra
Ond nid pan mae'n dod i limriga.
    Pa ots os yw'n graff,
    Neu hyd 'n oed yn braff,
Os na chewch chi lâff yn lein ola'?

Iwan Rhys (Dros yr Aber)

Alergedd i Farmite sydd gen i,
Ers mod i yn blentyn, rwy'n ofni.
    Mae'r doctor 'di deud
    Does dim all o wneud,
Mae'n beryg o 'sbredio' drwy 'nghorff i.

Aled Jones (Penllyn)

Rwy'n debyg o fynd i drybini
Wrth rythu ar ddyn mewn mancini.
  Nid oes ynddo le
  I weld be 'di be
Ond mae'n amlwg lle roddodd ei fydji.

Ann Lewis (Beirdd Myrddin)

Nid ydyw yn weddus i syllu
Drwy ffenest ar ddynes yn tynnu
  Ei blwmars a'i bra.
  Ond be ddiawl mae hi'n da
Yng nghanol y ffa yn fy ngardd i?

Arwel Roberts (Criw'r Ship)

Ces rybudd gan aelod o'r heddlu
Bod rhaid imi hunanynysu.
  Atebais, 'Sut, myn?!
  Yng ngeiriau John Donne,
"No man is an Island" a ballu.'

Iwan Rhys (Dros yr Aber)

Gorchuddio eich gwep yng ngŵydd pobol,
Y mae, erbyn hyn, yn hanfodol.
  Yn achos Gwynoro,
  Gŵr hylla' sir Benfro,
Mi ddylia 'i fod o'n orfodol.

Gareth Jones (Tir Mawr)

Mae'n siŵr fod 'na rai yn diflasu
ar weld holl ripîts y teledu.
  Oes wir, mae 'na rai
  ar ripîts yn gweld bai,
a rhai yn gweld bai a diflasu.

John Roberts (Llanrug)

Fe drefnwyd cyfarfod i drafod
a ddylem gyd-drefnu cyfarfod
  i drafod os ŷm-ni
  am lunio *committee*
i drafod ai cwrdd sy'n anorfod.

Alun Jones (Gwylliaid Cochion)

Fe drefnwyd cyfarfod i drafod
pa limrig i'w ddewis. Bu diwrnod
  o ddadlau reit big
  ond hwn ddaeth i'r brig,
sef cynnig yr Is-bwyllgor Smaldod.

Geraint Williams (Y Cŵps)

'Wrth lacio mae'n bwysig iawn cofio
ym mhle mae dy allwedd yn cuddio,'
  oedd cyngor gwybodus
  ei dad tra gofalus.
Nid oedd Dafydd Dafis yn gwrando.

Iwan Rhys (Dros yr Aber)

Y fo aeth â chadair Casllwchwr
a'r Tymbl, a Phen'bont-ar-Ogwr;
  a chadair Tre-saith
  efo'r un darn o waith;
mae'n siŵr fod 'na enw i'r cyflwr.

Iestyn Tyne (Y Chwe Mil)

‘Gwell dau ben nac un’ yw’r ddihareb,
‘Gwell tri phen na dau’ sy’n synhwyreb,
    ‘Gwell yw pedwar na thri,’
    Meddai rhai wrtho chi,
I unben fel fi mae’n wiriondeb.

Phil Davies (*Tal-y-bont*)

Mae’n fater o farn, ond rwy’n credu
Fod merch orau’r byd yn fy ngharu,
    Mae’n ateb heb ddadla’
    Na rhestru gwendida’ –
‘Alexa – *play* Radïo Cymru’!

Ioan Roberts (*Bro Alaw*)

Erbyn clywed y canfed darn piano
ni wn i a oeddwn i yno.
    Efallai’n gorfforol
    ond nid yn feddyliol.
Gwobrwyais i ferch y Prifathro.

Gwennan Evans (*Ffoaduriaid*)

'Mi wn nad peth doeth oedd cyfuno
mwg drwg a siampên ond, yn gryno,'
    ychwanegodd fy nain,
    'y chwedegau oedd 'rhain;
ni wn-i a oeddwn i yno.'

Emlyn Williams (Caerelli)

Mewn siopau amheus fe gewch brynu
cofroddion unigryw i Gymru;
    pais aur yr Archdderwydd
    a'i welingtons efydd
a llwyth o gyrn hirlas sy'n crynu.

Mari George (Aberhafren)

Nid ydwyf yn cymeradwyo
Archebu eich Beibl trwy Gŵglo.
    Roedd Ifan Hen Blas
    Am gyfrol 'Print Bras',
Ond lluniau reit las ddaeth i'w sgrin o.

Tudur Puw (Manion o'r Mynydd)

Fe chwifiais fy maner yn eiddgar
Dros ryddid bwystfilod Rhosneigar.
    Yr ymgyrch enillwyd:
    Fy ffrindiau ryddhawyd,
Ac yna fe'm bwyt'wyd gan deigar.

Emlyn Gomer (Caernarfon)

'Rôl f'ethol ar gyngor Llangeitho
Fe roddais y gorau i weithio.
    Yn ystod pwyllgorau
    Rwy'n gŵglan tractorau
A weithiau beiriannau gwrteithio.

Iwan Bryn James (Y Cŵps)

Mae'n gynnar, ond hawdd yw proffwydo
Na ddylai fy nhad i gonsurio:
    Aeth ati mor daer
    I lifio fy chwaer,
A dwy hanner chwaer sgen i heno.

Aled Jones (Penllyn)

Gen i fodryb yn byw'n Cincinatti
sydd yn casglu hen stwff Madame Patti.
  Mae'n eu cael nhw drwy'r post
  ac er gwaethaf y gost
daliaf ati i'w hanfon nhw ati.

Geraint Løvgreen (Caernarfon)

Rhaid disgwyl yn hir am apwyntiad,
Ond nid gyda meddyg y llygad,
  Mae hwn ers cyn co'
  Yn brydlon bob tro
A chewch ei weld o ar amrantiad.

Tudur Dylan Jones (Tir Iarll)

Wrth wibio ar hyd lonydd culion
Myn cythgiam! Mi es ar fy union
  Drwy'r gwrych i ryw lyn
  A gwneud sŵn fel hyn:
Glyg glyg-yn ... glyg glyg glyg glyg glygion.

Pryderi Jones (Llewod Cochion)

Mae cwyno yn ardal Trawsfynydd
Am ganiad boreol y pibydd,
    Rhaid torri ei grib
    Trwy sdwffio ar wib
Ei gotbib i le dioleuddydd.

Alwyn Evans (Manion o'r Mynydd)

Mae cwyno yn ardal Trawsfynydd
Fod nifer y defaid ar gynnydd,
    Y mae 'na un wlanog
    Sy'n brefu'n ardderchog
Ar gyngor y plwy' yn Gadeirydd.

Carys Parry (*Tir Mawr*)

Ar ganol yr unawd piano
A minnau ar fin gwneud *glissando*,
    Fe sticiodd un nodyn
    A chanodd byth wedyn
Er gwaethaf y *poco a poco*.

Eifion Daniels (*Beca*)

Fy mhleser yw gyrru fy nhractor.
Mae 'ngwraig i am imi weld doctor:
    'Os 'di'r *Thirty-five* X
    Yn lot gwell na secs,
Dwi'm isio dy nabod di rhagor!'

Ioan Roberts (Bro Alaw)

Mi fûm ym mhob gêm ers yn blentyn
ac yn y Wal Goch nawr ers tipyn,
    ond â Dafydd drwy'r byd
    gyda'i 'Yma o Hyd'
mae bron yn amhosib cael tocyn.

John Gwilym Jones (Beirdd Myrddin)

Fe ganodd y larwm am oriau
Ac oriau ac oriau ac oriau,
    Er hynny, ni ddeffrais,
    Oherwydd fe'i teflais
Ddoe'n fore i ddyfnderoedd Llyn Eigiau.

Hywel Griffiths (Y Glêr)

Pan oeddwn yn gwylio gêm griced,
Bûm gaeth i faldorddi rhyw ddiced.
    Yn ffodus i hwn
    Doedd gen i ddim gwn;
Ond tryferais y diawl efo'r wiced.

Geraint Løvgreen (Caernarfon)

Mae rhai yn fwy lwcus na'i gilydd
Sy'n gweld Ceri Wyn bob yn eilddydd;
    Mae rhai, gallwn dystio,
    Sy'n fwy lwcus eto
Na welant mohono dragywydd.

Emyr Davies (Tir Iarll)

Mae rhai yn fwy lwcus na'i gilydd
Yn cael mynd ar drips ysgol i lefydd
    Egsotig fel Prâg,
    Madrid neu Yr Hâg;
Ar fws yr es i i Drawsfynydd.

Gethin Wynn Davies (Ffoaduriaid)

CERDDI CAETH

'Dros gilcyn daear, dros wlad i'w charu,
Bytheiriais unwaith, a byth ers hynny
Ddoe yr hen wylltio giliodd o'r neilltu,
A 'nghân i heddiw, 'mond cynganeddu ...'

ARDDANGOSFA

Yn feunyddiol mae'n sgrolio
trwy'i gofnod diwaelod o;
yn rhoi'i lun ar ei wal las
a rhoi'i gwynfan ar gynfas.
Wal ydyw i'w ddaliadau
lle caiff hoffi'r gwir neu'r gau;
rhannu'i dast â'i ffrindiau'i hun;
rhannu nâd 'rheiny wedyn.
Nid yw'n neb o'm cydnabod:
gwn na fynnwn iddo fod!
Ni welaf byth ei ddwli –
ni wêl ef mo fy wal i!

Ifan Prys (Caernarfon)

LLOSG HAUL

Ar hyd y llethrau rhedyn
sgyrnygai haul dros groen gwyn
ei breichiau; mewn bro uchel,
hyd war noeth, pelydrau'n hel
lle troediai – ni hidiai hi
na malio dim am eli.

Ac yn oerfel y gwely
er pylu haul, llosgai'r plu,
ond o, roedd y brifo'n braf
cyn hel y plicion olaf
o fraich welw, frycheulyd:
arni hi, roedd haul o hyd.

Llŷr Gwyn Lewis (Ffoaduriaid)

NEWYDDION

Gwyro i'r dreif. Ger y drws,
ei gamau ddwed yn gwmws
beth yw'r newydd sy'n cuddio'n
enw noeth ei lyfryn o.

Ar riniog y rhieni,
agor ais wna llafn y gri
a'i chlywed a wna, wedyn,
ddegau o weithiau 'rôl hyn.

Gyda'i olau'n gleisiau glas,
cyrhaedda car yr heddwas.

Aron Pritchard (Aberhafren)

DIEITHRYN

Yn wibiog o ddirybudd
Yn rhuthr y daith, wrth i'r dydd
Lwyr ddiffodd, fe ddaliodd hi
Ei olwg, bron heb sylwi.

Cysgodd. Trywanodd y trên
las hir drwy'r nos ddiseren.
Yn ei phen, rhwng rhith a ffaith,
Daliodd ei lygad eilwaith.

Dadebrodd hi'n ddiddianc,
Lygad yn llygad â'r llanc
O'r newydd, y trydydd tro.
Sgytiodd. Ni chysgai eto.

Huw Meirion Edwards (Y Cŵps)

CENHADON

Oedom ar lan Llyn Llydaw'n
gwylio hynt y cwmwl glaw
bnawn Sul dros grib yn nesáu,
a'i wylio'n gwlychu'n hwyliau.
Yna, o gopa'r mynydd,
heibio, nes aildanio'r dydd,
daeth, ar garlam, blant tramor;
llamai'u hiaith fel pwll y môr.
Fe wenais, roedd y faner
ar gefnau eu sachau'n sêr
melyn heb ddim cymylau
bnawn Sul dros grib yn nesáu.

Ifan Prys (Caernarfon)

SBWRIEL

(Pont y Werin, Bae Caerdydd)

Cer, cer at Bont y Werin
i wylio hynt afon flin.
Afon llawn olion eiliad
o fyw yn hawdd, o fwynhad.
Gwêl gwpanau, clonciau clên,
bagiau neb, gwe anniben
o raffau lliwiau llawen
a sisial ffôl seloffen.
Caniau cwrw, cân cariad
hwyr y nos, a chadarnhad
yw pob potel o elw'r
dre' ddi-lan sy' dan y dŵr.

Judith Musker Turner (Gwenoliaid)

SBWRIEL

(I fy merch)

Wrthi'n datrys bocsys byd,
nefoedd cael siswrn hefyd!
Ar ei bwrdd, mae'n chwarae, bod,
dyfalu ei bwystfilod
carbwl, ailgylchu cerbyd
â phader, gliter a glud.
Nid wast yw potel blastig
i hon, ond estron llawn dig,
a gall hi, o fagiau llwyd,
greu enfys lle bu grawnfwyd.
Peirianneg cornel cegin,
labordy'r papur a'r pin.

Owain Rhys (Aberhafren)

ARFOGI

Te diogel wrth benelin,
tap i'r *app*, a sgrôlio'r sgrin
yn *bored* ...

... hyd nes canfod cae
sy'n un haid o hashnodau
gwaedlyd y gad, o lid gwâr;
troediaf Bwll Melyn Trydar.

A'r we yn Bont Orewyn,
yn y *feed* mae gwayw-ffyn,
rhennir o frwydr yr heniaith
rat-at yr @ dros yr iaith,
maes y gad ydi'r *memes* gwell,
lleddir gydag allweddell.

Yna caf gan lu cyfoes
darian o *likes* drwy ein loes,
pwytho, er mwyn cario'r cae,
â nodwydd ein hashnodau,
troi can bawd yn gatrawd gall ...

Te oer. Mi wna' i bot arall.

Hywel Griffiths (Y Glêr)

ADAR

Mistêc oedd mentro o'r becws
â'm harlwy. Dros drothwy'r drws
gwylan lafoeriog wyliai:
gwylio'i phrae uwch toeau'r tai.
Fe sgrechiodd, fe ddeifiodd hi
am y caws – *kamikaze*
clep, clep, clep adenydd clau
Brychdyn-aidd leidr brechdanau!
Bwystfil pluog Hitchcock oedd:
radar yr adar ydoedd!
Daeth heidiau'r toeau at hon
a brysio i gipio'r briwsion.

Ifan Prys (Caernarfon)

CYWYDD YN YMATEB I UNRHYW YSTADEGYN

(Wedi angladd un o greaduriaid bach y môr, 2050.
'If plastic production isn't curbed, plastic pollution will outweigh fish pound for pound by 2050.' Earth Day Network)

Dywedir i'r teid oedi;
i'r lloer anghofio troi'r lli
ddoe, ac y daethai holl ddŵr
y môr yn ymgymerwr
mewn hers o wymon i hel
hwn i'r tywod oer, tawel.

Un bach – y lleia'n y byd –
yn rhynnu. Yna'r ennyd
yn pasio heibio, a haid
iachach o gorgimychiaid
yn gyrru tua'r gorwel.
Ond cau y mae'r rhwydi cêl.

Iestyn Tyne (Y Chwe Mil)

ARWYDDION

Os ei wên wnaeth fy swyno,
ei ddeud dwys oedd ei hud o.
Dyddiau cynnar, di-arwydd,
a'r hwyl yn ein plethu'n rhwydd.

Un Sul, wrth i ni nesáu,
oerodd ei drem a'i eiriau.
Trodd ein cariad yn gadwyn,
a drysau'n cau fesul cwyn.

Mae pob diwrnod yn godwm
a'n nyth plu yn bwythau plwm.
Ond calon sy'n llywio'n llwyr
a'i swyn sy'n pylu synnwyr.

Manon Awst (Criw'r Ship)

ARWYDDION

(Er cof am Dan Puw)

Wrth i'r flwyddyn ddihuno
fesul oen, fe sylwai o
ar ddaear ddiaddewid
ei gwm yn fywyd i gyd.
Ddiwedd Mawrth, o'r diwedd, mae
lliw Ebrill ar holl lwybrau'r
derwgoed; fel erioed yr â'r
holl ofid gan ddŵr Llafar.
Wrth i wedd y buarth ail
fywiogi, mae'r hen fugail,
fel ei fab, yn adnabod
ochr y waun a chylch y rhod.

Gruffudd Antur (Penllyn)

CEFNOGWYR

Pan aeth i'r pridd, mor ddiddim,
un o ddau, aeth hithau'n ddim.
Cysgai'i hun yn y cae sgwâr,
rhannu gwely â galar
dan gynfasau geiriau gwael
gramadeg yr ymadael.

Ond daeth cymuned wedyn,
teulu'n tynnu ato'i hun
fel o hyd i'w chofleidio:
napis a babis, nes bo'r
hen wên, rhyw ran ohoni
yn fan'no 'nôl hefo ni.

Llŷr Gwyn Lewis (Ffoaduriaid)

LLWYFAN

Boris glown, 'rhen Boris glên,
ein bras lew, Boris lawen.
Ei syrcas o deyrnasiad
yw'r un wnaiff ddad-glymu'n gwlad.
Boris fflash, Boris â'i ffling,
Boris nad ydio'n boring.

Iawn boi ... Ond be bynnag bot
mi wn nad clown mohonot.
Direidus actor ydwyt,
gogoneddus esgus wyt
yn rhoi masg. Ti'n chwarae mig
Boris, am bo' chdi'n berig.

Gruffudd Owen (Ffoaduriaid)

CAMERA

(Sgan 12 wythnos fy ngwraig)

Ar sgrin, mae ein cyfrinach
yn wyrth fyw anferth o fach,
yn ofidion llon mewn llun,
yn ddechrau, eto'n ddychryn.
Ein balchder a'n pryderu
wedi'u dal mewn gwyn a du;
ein braw a charlam ein bron
i gyd yn y cysgodion.
Yn y ffrâm, mae cyffro iach,
a ni'n dau'n dal llaw'n dynnach,
yn fudan, a'n dyfodol
ni yn y byd yn ei bol.

Rhys Iorwerth (Dros yr Aber)

DATHLU DIWRNOD WILLIAMS PANTYCELYN (11 IONAWR)

Wrth fedd estynnaf weddi ...
... nid yw Duw'n fy nghlywed i.
A'i wybren fel cynhebrwng
mae'r tir wedi rhewi rhwng
angau a llithro'n angof
a chwithdod y ddefod ddof.

Daeth, er hyn, ei emyn o
a'i holl eiriau i'm llorio.
Â Duw ddoe'n un gawod ddu
gariadus, cefais gredu
bod o wedi achub dyn
â'i waed ... mi basiodd wedyn.

Gruffudd Owen (Ffoaduriaid)

KEN OWENS

Tiberiws Pontyberem,
Yn rhoi'i gorff ym merw'r gêm
Ar y lein, yn codi'r wlad,
Y Sheriff mwyn ei siarad.

Rownd y bachwr nid bychan
Nid ei, mae'n deiar ar dân,
Yn cario'r bêl, trwco'r bàs,
Yn rhoi i hyrddio ryw urddas.

Pan â'r bêl hirgron honno
Weithiau ar wib yn ei thro
Dros holl bennau'r cae, ti Ken
Drwy'r sir i gyd yw'r seren.

Eurig Salisbury (*Y Glêr*)

KEN OWENS

Siryf dewr y crys rhif dau,
Hwnt i wres y terasau
Gwyddost yn dost werth dy waith –
Bri ennill rygbi'r heniaith,
Am mai'r gêm Gymraeg yw hi,
Yn ei gwres mae'n goroesi,
Gwres sgarlad ein treftadaeth
A gwres mwy na'r 'gwŷr a aeth',
'Leni Ken, â chawr d'enaid,
Cei barhau yn hil McBride.
Wyt ein gŵr aur, crwtyn Graf,
Wyt ein harwr tyneraf.

Mererid Hopwood (Tir Iarll)

I DDATHLU'R HEN GALAN

I ni, 'dyw'r flwyddyn newydd
ddim yn gorfod dod 'run dydd
â'r llu sy'n griwiau llawen
yn hel c'lennig gan Big Ben,
ac maen nhw'n Hogmanayo
ddau tan dri, nes colli co'.
Draw o bell mae'n well gen i
ein hen flwyddyn fel oedd-hi,
di-dân-gwyllt hyd ein gelltydd,
a rhyw ran ohona' i'n rhydd
yn licio bod y cloc bach
yn troi rywfaint arafach.

Tudur Dylan Jones (Tir Iarll)

BYGYTHIAD

Mae'n ddiwrnod oed, ac oedi
mae fy merch fach, fach a fi.
Mae 'na iâ ar gopaon
y tir, ac o'r ffenest hon,
dyna nhw'r cysgodion 'nôl
ar Dryfan. Rhy hydrefol
ydi eira'r Glyderau
ac o'n cylch mae'r gaea'n cau.
Ond wrth y llen, am ennyd
daliaf i, mewn diawl o fyd,
i weld haul yr eiliad hon,
lliwiau haf ar Ward Llifon.

Rhys Iorwerth (Dros yr Aber)

*Ward Llifon – ward ôl-enedigaeth Ysbyty Gwynedd

CYFRIFOLDEB

(I'r ddwy wyres, Greta a Martha)

Â'i chwaer fe ddoi i chware
gyda'u miri'n llenwi'r lle,
a mynd, mynd yn fwrlwm iau
i ganol holl deganau
Nain a Taid, cyn mynd o'n tŷ
a gwên fawr, 'Gawn ni ... fory?'
Yn awr, a hithau'n fory,
a Nain a Taid yn y tŷ,
er holi, 'Gawn-ni?'... ar gau
i'w gwên mae'r bocs teganau,
a heddiw'r peth anodda'
i Daid a Nain yw dweud 'Na'.

Tudur Dylan Jones (Tir Iarll)

GOLYGFA

Coron o flodau ceirios
yno'n wyn un gyda'r nos.
Lle ddoe ni bu ond düwch
roedd drannoeth, drannoeth yn drwch;
coron wen, coron o iâ
a choron fel lluwch eira!
Ni wn sut na sylwais i,
nes i Ebrill fy sobri,
ar y goeden cyn 'leni
neu weld dim o'i blodau hi.
Yna'i noethni 'mhen wythnos
a'i godre'n wyn gyda'r nos.

Ifan Prys (Caernarfon)

GOLYGFA

Yn Llanfihangel gwelaf
O'r gell hon genhadon haf
Wrthi'n hau, a'r eithin iach
Eleni yn felynach.
Harddach y gerddi gwyrddion,
Eu hegino'n brifo, bron.

Gwelaf heb weld y gelyn
Sy'n llechu'n fawr, nawr, fan hyn.
Rywfodd trodd, mewn byd cyd-rhwng,
Ebrill yn un cynhebrwng.
Yn Llanfihangel gwelaf
Ddrain rhy wyn, a'r Glyn yn glaf.

Huw Meirion Edwards (Y Cŵps)

DIWYDIANT

Hawdd i mi ddyheu ymhell
am ddaear ddi-jyrm, ddeuwell;
wyf froliwr swyddfa'r aelwyd,
heb faeddu mewn beudy bwyd,
heb fan wen i'r anghenus
nac ofyrôl y dasg frys,
heb gownter groser, neu'r gras
sy' i swydd nyrs a heddwas,
nac yn weithiwr dŵr, o'i dŷ
yn was na all ynysu.
Wyf ryddid lol, freuddwyd lac
yn fa'ma wrth fy iMac.

Myrddin ap Dafydd (*Tir Mawr*)

SEIBIANT

Troi o hyd mewn dyddiau trwm
yn rhy brysur heb reswm
oeddwn i, a'u llenwi'n llwyr
i'r awr olaf yn drylwyr.

Ond dod i stop wnaeth popeth
â bollt.

Er mai braf o beth
rywfodd yw cael arafu,
rhaid taclo'r drôr, twtio'r tŷ,
ac er deall y gallwn
newid wedi'r gofid, gwn
go iawn y llenwaf â gwaith
fy awr olaf yr eilwaith.

Iwan Rhys (Dros yr Aber)

CYWYDD GOFYN
(Croesi Dyled Mehefin 1940)

Annwyl Syr, yn ôl y sôn,
â haf yn dymor ofon,
cest fenthyciad: un wlad las,
un mynydd yn gymwynas
a Phabell heb ei phobol;
gofyn wyf, gaf i fe 'nôl?
Dwed, Frawd, o'th ranc cadfridog,
a elli weld maint y llog,
y rhent tost sy' arnat ti
i linach plant Cilieni?
Wyth degawd, Frawd, bu'r lle'n frith
â siel gwn, – sisial gwenith
ddylai fod ar y ddôl fach,
nodau alaw dawelach;
peintio 'nôl ein Hepynt ni
yn lân yw'n cais eleni,
a mynnwn nad hwn fydd haf
gwenoliaid y gân olaf.

Mererid Hopwood (Tir Iarll)

MILISIA
(Yes Cymru)

O'r tir mudan y'u ganwyd,
o ddyfnder y llether llwyd.
Hyrddiadau sloganau'r gwynt
yw y denim amdanynt
yn y dre' wrth gludo'r her
a'n hafonydd yw'r faner.

Er i briddyn glyn a glog
oedi yn rhy dawedog,
oni wyddai'r mynyddoedd
wrth wylio, heb leisio bloedd,
fod ychwaneg i'r neges
pan fo'r stryd yn dwedyd 'Yes'?

Idris Reynolds (Crannog)

CELFYDDYDAU

Dychmyga fod mewn 'stafall
ddu, ddu lle mae pawb yn ddall
a lliwiau ha'n ddim ond llwch
tu allan. Dim ond t'wllwch
di-ffenest yn ymestyn
fel nos, fel y nen ei hun.

Ond mae 'stafall arall, wen,
'stafall glir, 'stafall glaerwen
i ni'n gynfas wag, enfawr,
i'w lliwio hi o'r to i'r llawr.

Mae 'stafall, ac mi alli
wthio'r ddôr, a'i hagor hi.

Osian Wyn Owen (Y Chwe Mil)

COLEG

(Ar ôl gweld dros Facebook bod ffrind coleg i mi wedi marw drwy hunanladdiad)

Oedd, mi roedd yr arwyddion
yno, siŵr. Dwi'n cofio sôn
o'r blaen am y rhuo blêr
hyd ei ffrwd; gweld â phryder
brysiog nad oedd yr hogyn
a fu ddim cweit yn fo'i hun.

Rhan o ddoe rŵan oedd o
i raddau … ond mi roedd-o
eto, 'di danfon ataf
un helô, fel gwennol haf
ar grwydyr … rhy hwyr gwrido,
'mod i heb ei ateb o.

Gruffudd Owen (Ffoaduriaid)

COLEG

(Sgwrs gyda fy chwiorydd yn dilyn llofruddiaeth Sarah Everard)

Mae dau wyneb i'm dinas,
Y dre' lwyd, a'r awyr las.
Ochor hewl fy nwy chwaer iau,
A'r fan lle crwydraf innau.
Ofni bod fy hunan bach
O dan sêr dinas oerach
Ni wnes 'rioed yn fy nos rydd.
Aros mae fy chwiorydd
Ar eu llwybyr, prysuro
Trwy wyll tua phen draw'r tro
Yn nhir neb. Mae'n rhan o'u nos,
Synhwyro'r hyn sy'n aros.

Carwyn Eckley (Dros yr Aber)

GWARCHOD

(I Gerald Williams, Yr Ysgwrn)

Yr un un yw'r ŵyr a'r nai,
hwn yr un a'n harweiniai
i gyd o gylch y Gadair,
ac yno â gwên ac â gair
rhannai'r cofio defodol
fel rhannai Nain ganrif 'nôl.

Marw Gerald, mae'r geiriau'n
drysu'n cof, fel drws yn cau,
ond oherwydd ei stori
hyd ein hoes a roed i ni,
o'i dweud, ein cennad ydyw,
ŵyr a nai, a'r Ysgwrn yw.

Y lle'n ôl yn llawn eilwaith
â golau gwêr gŵyl a gwaith,
a rhywsut, daw Cwm Prysor
adre â ddoe drwy ei ddôr;
daw ail-weld ei deulu o
a Hedd Wyn heddiw yno.

Tudur Dylan Jones (Tir Iarll)

GWARCHOD

(I Aled Braich Ddu a'r teulu. Lladdwyd Sara Anest Jones, eu merch, mewn damwain car fis Ebrill 2021. Roeddwn yn diwtor personol ar Sara ar y pryd, fel rhan o'i chwrs cyfieithu ym Mangor.)

Dwi i ferch yn dad fy hun.
Yn dad mor ddi-ddallt wedyn.
Sut teimli di, heno, dwed,
a'r niwl dros Ferwyn, Aled?
O ddydd eu geni, trïwn
fel tadau ein gorau, gwn.
Ceisio bod yno i'w dal;
rhannu'n gofid drwy'n gofal
gyhyd. Ond eu cysgodi
tra byddwn, ni allwn ni.
Mae'n ha' heb Sara siriol.
Yn ha', er na ddaeth yn ôl
ei orchudd haul dros Fraich Ddu.
Ni wn sut boen yw hynny.
Mewn c'wilydd, yn dad diddos,
Aled, drwy niwl dua'r nos,
a neb ag ateb iti,
estynnaf be fedraf i.

Rhys Iorwerth (Dros yr Aber)

CELFYDDYD

(Drudws Aber)

I'r un awyr o'r newydd,
ger y don, lle gwyra'r dydd
i'w liw nos, chwyrlïo'n haid
reit ystwyth wna'r artistiaid,
twrw mawr o batrwm ŷnt,
stribedi'n strobio ydynt.

Rhwng yr heli a'r pier
eith hi'n sioe, a hwythau'n sêr
uwch y traeth mewn cylchau tro
yn selog, cyn noswylio'n
eu toreth, yn bleth o blu
niferus. Tan yfory.

Aron Pritchard (Aberhafren)

CLYDWCH
(Er cof am Taid Cynythog)

Dacw G'nythog, a hogyn
ganol yr haf hwyaf un
efo'i daid, a'i holl fyd o'n
rhan o'r un erw honno.
Yno fe wêl, drwy ofal,
o'r tŷ i'r beudy bob wal
ddi-fwlch; pob modfedd o'i fyd
yn lân. Mae'n sylwi, ennyd,
ar y dwylo mawr, dulas,
y rhai sy'n nabod yr ias
giaidd yng nghanol gaeaf
na wêl ŵyr yng nghanol haf.

Gruffudd Antur (Penllyn)

PEIRIANT

(Yn ôl rhai adroddiadau mae 6,500 o weithwyr wedi marw yn codi stadiymau Qatar ar gyfer Cwpan y Byd 2022)

Â'r blaned wrth deledu,
dyma'r ddrama fwyaf fu.
Adeg gwlad ag olew yw,
oes stadiwm-blasty ydyw.
Ond tu hwnt i sglein Qatar
yma o'r golwg mae'r galar.
Ym melin ddŵr gwladwriaeth,
i yrru un gôl gwnaed rhai'n gaeth.
I roi'r ddelwedd wâr, ddelach,
gwnaed bywydau'n bethau bach.
Fe ddaeth-hi'n dro i ninnau.
Â'n harwyr coch ar y cae,
yn ufudd, awn heb ofyn:
a yw'r gêm brydferth werth hyn?

Carwyn Eckley (Dros yr Aber)

TWRW

(Angladd Dyfrig Topper, 14.6.22)

Fe ddaeth 'na sgrech o'r llechi:
o Ben'groes, o'r dibyn, gri
a braw fod hyn cyn ei bryd.
Ac yna, gosteg ennyd
wrth i'r hers ddiruthr hel
o'r tai'r pentrefwyr tawel.
Llonydd sy'n Nantlle heno;
mud ydi'r byd. Ond tra bo
yn rhywle'n y chwareli
alawon, Dyfs, fe'th clywn di
yn dy hwyl a dy helynt.
A dy gân ddaw lond y gwynt.

Rhys Iorwerth (Dros yr Aber)

CAU DRYSAU

(Ysgogwyd gan gasgliad o straeon gan fenywod o Affganistan: *My Pen is the Wing of a Bird*)

Heb ysgol i roi golau,
yn y cwt mae'r drws 'di cau.
Eiddo dyn yw'r dyddiau da
a wyrcws, trais a Burka
yn orchudd yw byd merched
dan chwipiau llym grym y gred.

Ond yn lew, rhai dan y lach
a rannant un gyfrinach;
yn fen'wod, drwy 'sgrifennu,
er y gwaith, daw taith o'r tŷ
â'r pen yn rhoi adenydd
a'r hawl i freuddwydio'n rhydd.

Nia Llewelyn (Glannau Teifi)

CASGLU

Ga' i alw heibio Gwilym?
Dod heibio, eto lle bûm
yn hy'n casglu fesul cae'n
stôr uniaith maestro'r enwau.
Ga' i'r Tir Rhywiog a'r Traean,
y Gell a Gwaith y Gŵr Gwan?
Ga' i'r Pandy a'r Foty Fach,
y Waen Oer a Chynowrach?
Nid i'w rhoi'n waelod y drôr
ond i'r oesau yn drysor,
gwm ar ôl cwm fesul cae
i'w rhannu â'm hŵyr innau.

Tegwyn Pughe Jones (Gwylliaid Cochion)

RHANIAD

'In remembrance' of Frances,
the partner of dear Des,
ma' i Gail a hen fam-gu
i Gareth, Fflur ac Eiry.
A mynna'r cerfiad arian
'Heddwch i'w llwch' yn y llan.

Ac 'Er cof' mae'r garreg hon
am Eira, gwraig i Meirion,
mam i Susan, a Granny
i Blanche ac Annabelle Lee.
A dau air, sef, 'Blessed are ...'
ydyw gwaelod y galar.

Idris Reynolds (Crannog)

O'R GOLWG

(I Enlli, Noddfa Awyr Dywyll)

Daw i'n hadfyd un byd bach
a'i lewyrch yn oleuach:
ym Mhorth Meudwy, mwy, y mae
'na wyll sy'n llawn canhwyllau,
nef o liw uwch Ogof Las
a chynfyd hyd ei chynfas.

Ond yna'n bell, bell o'r bae
ni welwn yr un golau:
rhy ddisglair yw'r esgair hon
i wylio aur gorwelion;
ni all y lloer a'i holl lwch
ein dallu heb dywyllwch.

Aled Evans (Beirdd Myrddin)

SEFYDLIAD

Cyn hyn, yr hen elyn oedd,
canol oed cynnil ydoedd;
wal argae yn dal ergyd
drom a hallt y storm o hyd.
Lle roedd sŵn llanw'n llinell,
dyma'r trai a wyddai'n well.

Rwy'n ofni gwaddodi'n ddoeth,
nid ofn trin, ond ofn trannoeth,
a bod heb wybod y bu –
haen o laid yn caledu;
ofni bod, yn nwfn y bae,
lanw i'm diawlio innau.

Hywel Griffiths (Y Glêr)

BUDDUGOLIAETH

Yno roedd ers misoedd maith,
Hi a'i gwewyr yn gywaith,
Yr awyr iddi'n ffrewyll
A'r haul yn boenydiwr hyll;
Hithau wedi'i chau'n ei chell,
Ei hafan un-ystafell,
A'r muriau'n rhoi ymwared
O draul a loes byd ar led ...
Eto'r aeth at y trothwy –
Heriai'r clo ar ddrysau'r clwy,
Un cam a mynd, camau mân
O'i hewyllys ... Roedd allan.

Nia Powell (Manion o'r Mynydd)

Yn wyneb yr haul, hawdd iawn yw brolio
â hyder golau na fedar goelio
yn yr un duw i'r neb a wrandawo,
ac mi dynnith resymeg amdano'n
un cwrlid; ond er cyrlio mor ddiddos,
o grombil hirnos, gŵyr ymbil arno.

Llŷr Gwyn Lewis (Ffoaduriaid)

Yn wyneb yr haul hawdd iawn yw brolio
â grym adweithiol y gorymdeithio
yn euro'i fedal; mae gwres brafado
fel lifrai cyndyn yn dynn amdano.
Ond wedi'r dril mae'n cilio yn ddi-boer,
mor welw â'r lloer a'i chwys oer yn suro.

Llion Jones (Caernarfon)

Wedi gwae ac amau ei fynd ymaith
cyn ei gweld hi'n anos fesul noswaith,
gwn yn dawel, er yr oerfel hirfaith,
na wylaf eiliad na'i gwelaf eilwaith.
'Ry'n ni'n dau ar yr un daith, ar fy llw;
rwy'n dweud yr enw a daw ar unwaith.

Carwyn Eckley (Dros yr Aber)

DYCHWELYD O LYDAW

Gyrru i alwad hiraeth gorwelion.
Wele Gymru lawiog. Ym Mro Leon
Rhyw frau oroesi wnâi'r iaith ar friwsion.
Wele gwm diogel a'i gymdogion,
Y cannoedd o Fanceinion a Surrey;
Rhai annwyl 'leni yw'r hen elynion.

Aneirin Karadog (Tir Iarll)

Dros gilcyn daear, dros wlad i'w charu,
Bytheiriais unwaith, a byth ers hynny
Ddoe yr hen wylltio giliodd o'r neilltu,
A 'nghân i heddiw, 'mond cynganeddu;
Am hyn, ac am im wynnu'n rhy gwrtais,
Do, edifarais, ond daw yfory ...

Emyr Davies (Tir Iarll)

'Ry' ni, o bawb, wedi troi'n hen bobol
dawel,' meddaist, dros y coctêl meddwol
o gwrw, rhegi, canu egnïol,
twrw'r rhai iau yn tyrru o'r heol.
Ni'n troi sha thre'n hamddenol – yn teimlo'n
bod ni, heno, a'r byd, yn wahanol.

Judith Musker Turner (Gwenoliaid)

Yng nghornel dawel fy 'stafell dywyll
rwy'n ofni'r cellwair yn fwy na'r cyllyll,
yn ofni'r beio yn fwy na'r bwyyll.
O sgrin fach arall, mi all yr ellyll
drywanu gair draw'n y gwyll i'm llorio,
a'i fin yn cydio fel crafanc cudyll.

Llŷr Gwyn Lewis (Ffoaduriaid)

Dros erwau Donbas mae'r gwynt fel rasel
a daw i ddinas gawodydd anwel,
ar ffin dynolryw mae Duw yn dawel,
dynion yn rheibio a chyrff dan rwbel,
a ninnau'n newid sianel – o bellter
rhag dod i arfer â'r gwaed a'i oerfel.

Idris Reynolds (Crannog)

Fe aeth hi'n anos ymdrin â 'mos-i,
a'i sioe gyhoeddus o wae a gweiddi.
Finnau'n ysgwyd, cyn mynd o fy nesg-i
i wylo wedyn yn y toiledi.
Addo wnes y cerddwn i, sawl hwyrnos.
Dewisais aros. Dywedais 'Sori'.

Carwyn Eckley (Dros yr Aber)

YR ALBAN, 18 MEDI, 2014

Fe ddaeth fy hanes o gicio'r tresi
yn fyw yr eilwaith yng nghynnwrf rali;
am un awran ym môr fy maneri
mi 'nes i stwyrian, ond mae'n hen stori:
heddiw, daeth fy rhyddid i – mor agos ...
Dewisais aros, dywedais 'Sori'.

Osian Wyn Owen (Dwy Ochr i'r Bont)

I NICOLA STURGEON

I'r erwau cyfan sy'n rhan o'r cofio
a'r moelni gwledig a ddeil i bigo
yn ôl daw'r gwybed fel dreigiau heibio,
'nôl i 'fan hyn' y gyflafan honno.
Fel yng Nghulloden heno – byddin gudd
yn y diwetydd sy'n gatrawd eto.

Idris Reynolds (Crannog)

Llosgi neu foddi, mae siawns na fydd-o
mewn gwirionedd yn ddiwedd pan ddaw-o:
mi ddaw'r morgrug drachefn i forgrugio,
a 'nôl daw'r gwybed fel dreigiau heibio.
Pan awn ni'n grimp yn y gro ... mi ellith
bod hynny'n fendith, i'r byd hwn fendio.

Llŷr Gwyn Lewis (Ffoaduriaid)

DIHIRYN
(Ffred Ffransis)

Ddoe â'i baent fe fu'n ddi-baid
yn arwain hen anwariaid,
yn un â hwliganiaid,

a heddiw deil yn ddi-dor
i oddef dros egwyddor
â chariad. Mae'n garcharor.

Euog oedd o ddweud y gwir,
o wrando llais y crindir
a'i alwad taer i ddal tir.

Euog o gael un awydd,
ac euog yn dragywydd
o roi'i oes dros eiriau rhydd,

rhoi i'r iaith enau'i pharhad,
troi ei gell yn gartre'r gad,
a'n herio a'i gorn siarad.

Meirion Jones (Derwyddon)

BLODAU

Petai haul mewn petalau,
yn y rhain byddai'n parhau
er gafael rhew gaeafau.

Yn eu melyn mi welaf
ddarnau aur yn addurn haf
ar y ffin â Gorffennaf.

'Nôl ym Mai ni welem hwy,
rhyw droad anghofiadwy
oedd y man, a fawr ddim mwy.

Bellach mae'r lliwiau llachar
yn lle hynod, collnod câr,
y taw lle bu sgrech teiar.

Oernad fu diwedd siwrnai
un a fu; ar weiren Fai
y tusw 'ond petasai ...'

Annes Glynn (Criw'r Ship)

MARCHNAD

Mae ager y mamogiaid yn gwmwl
dros gamau'r bugeiliaid;
suddo'r wyf, gwerthu sydd rhaid.

Ymunodd fy nghymuned i rannu
â'r prynwyr gwargaled
eleni'r deg corlaned.

Gwthio i weld mwy na gwaith un bugail,
i bigo yn sydyn
y gorau ym mhob sgwaryn.

Heb gynefin mae hen linach o waed
'nheidiau ar werth bellach
'run pryd rhwng y byd a'r bach.

Dan do sinc maent yn wincio, codi bys,
codi bawd tra'n ceisio
ein daearu'n ddidaro.

Â ninnau'n gwerthu'n hanes ein hunain
â'r ŵyn, dim ond busnes
gwaraidd yw'r praidd, a sŵn pres.

Arwyn Groe (Gwylliaid Cochion y Llew)

CLODDIO

Mae'r digar acw'n aros yn ei gae,
Ei fraich gam yn dangos
Egni wedi'i ddal gan nos.

Cab gwag, a ffos heb ei hagor i'w phen,
Gwaith ffarm wedi'i hepgor;
Hyn o rwyg a dim rhagor.

Cae mud lle bu cymydog, – nos a dydd
Yn stond a diysgog
Yn y glaw ar ros gleiog.

Nos ydoedd ddaeth yn sydyn – a gorwel
Y gŵr yn cau wedyn
A du heddiw ei dyddyn.

Ai ar y rhos mae'r ffarwél yn aros?
Dim ond peiriant tawel
Yn ateb gyda'i fetel.

Myrddin ap Dafydd (Tir Mawr)

AMDDIFFYNFA

(Yn ystod Rhyfeloedd y Rhosynnau bu Dafydd ap Siancyn ar herw yn y mynydd-dir rhwng Betws-y-coed a Llanrwst; yn ôl y bardd Tudur Penllyn, 'dy gastell ydyw'r gelli, / derw dôl yw dy dyrau di'.)

Ar wegil hir y graig las y codaist,
rhwng y coed, dy ddinas;
huliaist y drain yn balas

i'th ddynion; gwnest garthenni o'r blodau
a rhoi blawd i'w porthi;
fe roddwyd aur i'th feirdd di.

A ddoe, i dref gyntefig y mynydd
drwy'r meinwynt cythreulig
mi es, ac wrth chwarae mig

â hanes, gwelais, ennyd, dy ddinas:
dy ddynion yn alltud
a'th goed wedi'u noethi i gyd,

a chastell draw'n y pellter – yn olau,
yn olau bob amser,
lle mae byw yn llwm o bêr.

Gruffudd Antur (Penllyn)

AMDDIFFYNFA

Yn dy gaer â'r drws 'di'i gau, o'r gadair
hawdd ergydio geiriau,
ryfelwr yr Afalau.

Â'r byd i gyd yn dy gôl, y mae nawdd
mewn awch ymfflamychol
i ddifodi'n ddefodol.

Sgwario o hyd tu ôl i sgrîn yw dy ran,
gyda'r hwyr rwyt frenin
llawn hyder hyll yn y drin.

Giaffar mewn byd digyffwrdd o unig
yn tanio bysellfwrdd
o'th ffau cyn saethu i ffwrdd ...

Ond agor wna'r drws fory, yn dy ofn
wnei di fentro camu
y tu hwnt i drothwy'r tŷ?

Llion Jones (Caernarfon)

CYMUNED
(Waliau heddwch Belffast)

Bywyd â wal yw bodolaeth, – weiren
        a dur eu magwraeth,
    a dwy hewl yw brawdoliaeth yn drwyadl
    uno'r un anadl â'r hen wahaniaeth.

Ond trwy'r glwyd mae breuddwydion yn agos
        a gwag yw'r amheuon,
    gweld cymod drwy'r cysgodion wneir mwyach
    i stryd oleuach heb stôr dadleuon.

A gorwel dros y welydd yw'r ifanc
        heb ryfel â'i gilydd;
    antur yw eu palmentydd yn ddyddiol,
    dwy gân, un heol, cymdogion newydd.

Geraint Roberts (Fforddolion)

DRWY DDŴR A THAN

Mae Hyddgen lond ein pennau – a brwydro
    heno'n ein calonnau.
  O arf i arf yn cryfhau – ein gilydd;
  y cloddiau ufudd yn dal cleddyfau.

Rhes ar res o ddynion rhydd – a'r angerdd
    mewn rhengoedd aflonydd;
  dialedd lond y dolydd – yn aros,
  yn gwau hwyrnos drwy bicellau'r gwernydd.

Gwelaf ar greigiau heulwen – chwa o wynt
    a'i farch ef ar gefnen.
  A'r gwaed ar y garreg wen – yn ceulo
  a rhydu heno ar lafn rhedynen.

Gwenallt Llwyd Ifan (Tal-y-bont)

PERERINDOD

(i weld bedd hen wncwl a laddwyd yn y Rhyfel Mawr)

Mynnwn fod rhaid i minnau ei ffeindio,
a do, ffeindiais lwybrau
hen wncwl ymysg y llanciau, lle roedd
yn un o gannoedd yn eu hugeiniau.

Yr oedd y dail yn rhuddo'n y fynwent,
a'r fan wedi'i thwtio
â gofal – y coed am gofio'r meirwon,
y rhesi o ddynion arhosodd yno.

Yn y Somme, roedd La Boiselle yn galw,
a'i thrigolion tawel;
yno'r es, cyn dweud ffarwél i'r beddau
hwythau'n llawn tadau na allent adel.

Emyr Davies (Tir Iarll)

PENILLION YMSON

Nid oes beiriant all drosglwyddo
I chi'r llun sydd ar y radio.

MEWN SIOP GARDIAU

Pen-blwydd y wraig aeth heibio;
Caf gerdyn ymddiheuro.
Fe wnaiff y tro, mae pethau'n dynn,
Y flwyddyn nesa' eto.

Emyr Davies (Ffostrasol)

AR DDIWRNOD SANTES DWYNWEN

Nid carden Dwynwen mo'r dydd
na galwad ffôn i'n gilydd,
nac aros am y rhosod
eto fyth yw'r sbort i fod;
na hen focsed siocledi
na iaith y tail wrthyt ti.
Rhowch harnes ar farch Oernant,
awn i ffwrdd dros fryn a phant,
awn ni i'r cwm ar y cyd
yn ifanc fel ddoe hefyd.
Gŵr sy' fardd a gwrsaf i,
i'w ddynes gaiff farddoni
ac awen darn o gywydd
ar garden Dwynwen wna'r dydd.

Karen Owen (Fforddolion)

WRTH GYFIEITHU'R BEIBL
(Ymson yr Esgob William Morgan)

Mae 'na sôn nad yw 'mhregethe,
Erbyn hyn, yn fawr o bethe.
Mae fy meddwl i ar grwydr
Hefo Dafydd yn ei frwydr,
Hefo Moses rhwng y tonnau,
Dyn yn ymladd cawr wyf innau.
Y mae'r Ararat papurau
Hyd fy nesg a'r holl gadeiriau,
Ac mae llif yr inc o Lunden
Yn fwy llydan na'r Iorddonen.
Piliwyd mwy o frwyn i'w tanio
Na'r holl wenith oedd gan Pharo
Ac mae gwydde'r plwy' yn fferru,
Noeth fel Adda i mi gael 'sgwennu.
Ond fy nod, trwy'r awr dywylla'
Ydi cyrraedd 'r Amen ola'.

Beryl Griffiths (Penllyn)

WRTH ŴGLO

Tybed oes cyfaredd
Mewn byw heb gael pob ffaith?
Dwi wedi holi Gŵgl
Ond ni chefais ateb chwaith.

Casia Wiliam (Ffoaduriaid)

MEWN FFATRI GAWS

Mi fyddai'r hen joban 'ma dipyn yn haws
pe na byddwn i mor *allergic* i gling-ffilm.

Llion Pryderi Roberts (Aberhafren)

WRTH LUNGOPÏO

'Rôl eistedd ar y peiriant
A gwasgu'r botwm du
Mae gen i lun o'r Bannau
I'w roi ar wal y tŷ.

Emyr Davies (Ffostrasol)

WRTH BRYNU CERDYN SANTES DWYWNEN

Rhaid prynu pedwar cerdyn
I'r pedair merch a'm câr
Ac rhag ofn daw rhywun arall
Rhaid prynu cerdyn sbâr.

Huw Dylan (Ysgol y Berwyn)

AR DDIWRNOD SANTES DWYNWEN

Amlen wen yw nghalon i – un enw
yn unig sydd arni,
a gŵyr Dwynwen eleni
mai hwnnw yw d'enw di.

Mererid Hopwood (Tir Iarll)

AR DRAMPOLÎN

'Gwiriondeb,' medda'r musus,
Wrth wylio 'mownsio i.
'Buddsoddiad,' medda finna',
'Achos tra dwi'n bownsio'n ffri,
Mae gwerth y tŷ yn codi.
Os sbïa i'n reit chwim,
Mae gen i fiw o Landdwyn.'
Ond wedyn, sgen i ddim ...

Arwel Roberts (Criw'r Ship)

YN YR ADRAN GWYNION

Oes gen ti gŵyn? Ombwdsiaf hi:
caraf ombwdsio drwy'r flwyddyn gron.
Ond beth petai rhyw gŵyn gen i?
Pwy sy'n ombwdsio'r ombwdsmon?

Llŷr Gwyn Lewis (Ffoaduriaid)

WRTH WISGO

(Gosod oriawr ar arddwrn fy nhad yn ei arch)

Gosodais d'oriawr ar d'arddwrn di
a sylwi ar y bysedd yn troi –
wrth ei gosod, sylweddoli
nad oes unrhyw ffordd o osgoi
fod amser yn dal i dreiglo
ar d'oriawr di a f'un i
a bod yr haul yn dal i wawrio
a machlud hebot ti.

Caryl Bryn (Y Chwe Mil)

WRTH DRIN DATA

Rwy'n llunio dogfen bwysig ac ar fin chwythu 'nhop,
ai'r *data hwn* 'ta'r *data hyn* sy'n gywir? Rwyf ar stop.
Nid yw y geiriaduron yn llawer iawn o iws:
'lluosog' meddai GPC, 'unigol' meddai'r Briws.
Yn Saesneg mae'n unigol, yn ôl yr OED,
(*mass noun*, i fod yn fanwl) ers *eighteen twenty-three*.
Mi wn y daw o'r Lladin, lle mae pawb yn gytûn
ei fod yn air lluosog (a *datum* ydyw un).
Ond rhoddaf Ŵglad sydyn; peth da yw *double-check,*
a *data hwn* sy'n ennill – o bell – wel, blincin hec!
Caf fflach o ysbrydoliaeth, ni wn yn iawn o ble,
naw wfft i *data*, rhoddaf *gwybodaeth* yn ei le.

Geraint Williams (Y Cŵps)

WRTH GEIBIO FFOS

Estynnaf lyfryn hanes
ac ynddo af ar daith
yn ôl i oes y meirwon
a chreithiau ffosydd maith.
Ond yna cyrchaf Twitter
a gweld ei checru hi.
Mae 'nghenedlaeth innau hefyd
yn ceibio'n ffosydd ni.

Garmon Dyfri (Beirdd Myrddin)

PEIRIANNYDD TELEDU

Nid oes beiriant all drosglwyddo
I chi'r llun sydd ar y radio.

Idris Reynolds (Crannog)

AR SAFLE ADWEITHYDD NIWCLEAR

Dwi'n wleidydd amlwg lleol
sy'n poeni am yr iaith
a'r effaith amgylcheddol,
ond wedyn gall greu gwaith,
ac felly ar ôl tipyn
o grafu pen go faith,
dwi ddim o blaid y cynllun,
ond dwi'm yn erbyn chwaith.

Iwan Rhys (Dros yr Aber)

WRTH AROS AM FWS
(ym Montgomery, Alabama)

'Sgwn i heddiw fydd 'na le
I bawb? Ma' hyn yn boen.
Rhyw ddydd, heb blygu glin i neb,
Eisteddaf lle rwy' moyn.'

Martin Huws (Y Diwc)

MEWN YSTAFELL AROS

Hwn yw f'apwyntiad cyntaf un
am *acupuncture* ar fy nghlun.
Rwy'n becso nawr, a yw'n beth iach,
yn wir, yr wyf ar binnau bach!

Meirion Jones (Derwyddon)

WRTH ARCHEBU DROS Y WE

Mae eiliadau hir mewn bywyd
a phrofiad felly ges
mewn galwad ffôn ag aelod
o'r timau 'Track and Trace'.
Fy siopa sy'n obsesiwn,
daeth hynny'n glir i mi
pan enwyd fi yn 'swigen'
y gyrrwr DPD!

Garmon Dyfri (Beirdd Myrddin)

TRINIWR TRAED

Mae gennyf bedwar clinic
Yn llawn adnoddau drud:
Rwy'n cynnig y triniaethau,
Y gorau sy'n y byd.
Mae'r gwaith yn alwedigaeth,
Yn sicr mae'n fy ngwaed:
Mi fyddai 'Nhad 'di'i blesio –
Rwy'n dilyn ôl ei draed.

Huw Dylan (Arglwydd de Grey)

PERCHENNOG CWMNI

(Wrth astudio'r gyfnewidfa stoc bob bore)

Fy mhader mewn doleri a ddwedaf
    yn ddidwyll 'rôl codi,
ar i Dduw fy urddo i
yn hael am ei addoli.

Aled Evans (Beirdd Myrddin)

WRTH FENTHYG ARIAN

Mewn chwyddiant, benthyg biliwn,
Ond nid yw hynny'n ffôl:
Mi fydd yn werth cryn dipyn llai
Pan dalaf i o'n ôl.

Nia Powell (Manion o'r Mynydd)

AR LAN CAMLAS

Llif araf sydd gan amser
Yng nghuddfan ddistaw'r coed.
Bydd fory fel mae heddiw;
Mae heddiw fel erioed.
Ceir yma berffaith lonydd
Heb neb i godi stŵr
Pan luchiaf fy hen soffa
O'r golwg dan y dŵr.

Geraint Williams (Y Cŵps)

FFOTOGRAFFYDD RHYFEL

Rwy'n nhir neb diawlineb dyn a gen-i
    mae gwn i ddal darlun;
lle syrth magnel y gelyn
fi yw'r llais i feirw'r llun.

Philippa Gibson (Crannog)

WRTH GREU *PLAYLIST*

Pa gerddoriaeth fyddai'n cuddio twrw'r dril sy'n dod o'r clinig,
sgrechfeydd pob claf sy'n crefu am gael mwy o anesthetig?
Fe fyddai'n ddigon addas chwarae côr *cerdd dant* yn canu
ond hyn-a-hyn o artaith y gall unrhyw un 'wynebu.

Gwennan Evans (Ffoaduriaid)

TRIBANNAU BEDDARGRAFF

Digrifwr o Frynberian,
Nid oedd yn ddigri, druan,
Bu farw tra oedd fyw, un waith,
Ond ganwaith ar y llwyfan.

ARGRAFFYDD

Un crefftus iawn wrth bwytho
A'i bleser mawr oedd rhwymo;
Ni charodd lyfr clawr llipa 'rioed –
Clawr caled roed amdano.

Myrddin ap Dafydd (Tir Mawr)

ORGANYDD

Yn oedfa'r hwyr yng Ngharmel
fe roes ei olaf ffarwel,
mi fyddai byw, pe byddai'n iach,
ond aeth at Bach a Handel.

Emyr Davies (Ffostrasol)

PERCHENNOG SIOP BYSGOD

Fan hyn gorwedda Breian,
Ffiledwr gwerth ei halan,
Ond llithro wnaeth ar slywan ddu
A diberfeddu'i hunan.

Arwel Roberts (Criw'r Ship)

CYFIEITHYDD

Yn Holyhead Caergybi
Ar Salty Way Lôn Heli
Yn June Mehefin, twdwlŵ –
Bu farw Euron Berry.

Gareth Jones (Tir Mawr)

CYFIEITHYDD

Pechadur enbyd ydoedd,
ond nid aeth efo'r miloedd
i uffern, gan fod llwyth o waith
yn trosi iaith y nefoedd.

Llŷr Gwyn Lewis (Ffoaduriaid)

LLEIDR

Dymunodd olud bydol,
Ond roedd yn reit rinweddol;
Be'n awr i'r adyn buan? Wel,
Caiff ddwyn yr elw'n fythol.

Eurig Salisbury (Y Glêr)

CYNRYCHIOLYDD CWMNI GWYLIAU

Â'i glipfwrdd, roedd o ddifrif,
yn cyfarch pawb, a'u cyfrif,
a'i dâl comisiwn nawr, er parch,
yw arch sy'n ôl-incliwsif.

Rhys Iorwerth (Dros yr Aber)

PERCHENNOG SIOP GEBAB

Lle'r awn i lenwi'n bolia'
Am ddau o'r gloch y bora
A thithau'n gorff ar sgiwer fawr
Dan glawr o fara *pitta*?

Carys Parry (Tir Mawr)

PLYMER

Ni ddena'r nefoedd mo'no.
I uffern aiff, cans yno
Mae galw mawr o hyd am wres:
Gwnaiff fwy o bres yn fan'no.

Llŷr Gwyn Lewis (Ffoaduriaid)

PLYMER

Yn gynnar yn ei yrfa
Fe'i galwyd lan i'r Wynfa;
Mae'r prinder plymers oddi fry
Yn waeth na sy' fan yma.

Idris Reynolds (*Crannog*)

CANTORES WERIN

'Rhen Afr Wen, 'rôl godro,
Gadd ddamwain gas wrth grwydro
hyd greigiau geirwon – dyna pam
na fydd 'na'm gafr eto.

Rhiain Bebb (*Gwylliaid Cochion*)

CANWR GWERIN

Er iddynt ei drywanu
i'w dewi, yna'i gladdu,
o'r gro â'i ffal-di-blincin-ral
mae'n dal i forio canu.

Rhys Iorwerth (*Dros yr Aber*)

LLYFRGELLYDD

Ei gwefus coch fu'n 'shwshan',
Ei llygaid fel barcutan,
Bu'n hisian 'Ust' a sibrwd 'Taw!' –
Mi gaiff ddistawrwydd rŵan.

Mair Tomos Ifans (Llewod Cochion)

LLYFRGELLYDD

Fe naddwyd carreg Brynmor
A'i gwasgu wysg ei hochor
Rhwng Al a Cled, jyst fel ei fod
O'n dod yn nhrefn y wyddor.

Arwel Jones (Y Cŵps)

STEILYDD GWALLT

Mewn *morgue* gosodwyd ynta'
I'w bwmpio'n llawn cemega',
A'r ymgymerwr holodd o,
'Ti'n planio mynd ar wylia'?'

Gruffudd Owen (Ffoaduriiad)

BOWNSAR

Roedd shifft yng nghlwb nos Satan
yn debyg ar y cyfan
i'w swydd e cynt, ond bo'r DJ
yn chware Dafydd Iwan.

Gwennan Evans (Ffoaduriaid)

CYHOEDDWR Y CANLYNIADAU PÊL-DROED

Bnawn Sadwrn ganol gaea'
Yn East Fife neu yn Forfar
Bu hwn a'i lais yn hynod driw
Nes llais ei Dduw a Alloa.

Garmon Dyfri (Beirdd Myrddin)

UNHRYW GYMERIAD FFUGLENNOL

Au r'voir, 'rhen Hercule Poirot,
Y Belgiad byr, didaro:
Ni ddaliaist 'rioed mohonof fi –
'Lly twll dy din di, Pharo.

Emlyn Gomer (Caernarfon)

UNRHYW GYMERIAD CARTŴN

Diflanaist yn ddiweddar
i geg Caioti diolchgar
a'n ara' deg fe est i lawr –
bib-bibia'n awr 'ta'r uffar.

Gareth Jones (Tir Mawr)

UNRHYW GYMERIAD HANESYDDOL

(Margaret Thatcher)

Heb arch fe'i taflwyd allan
mewn hen sach lo'n ddiffwdan,
a pheidiwch chi â llenwi'r twll –
caiff gau ei phwll ei hunan.

Iwan Rhys (Dros yr Aber)

UNRHYW GYMERIAD FFILM

Cawn ofyn, 'Wyt ti'n teimlo
Yn lwcus?' wrth ffarwelio.
Wel, wyt ti, pync? A'th draed yn rhydd,
Fe wnawn dy ddydd, rwy'n addo.

Osian Rhys Jones (Y Glêr)

UNRHYW GYMERIAD O LÊN GWERIN

Fe blesia'r ham yn arw,
A'r bacwn ffein ofnadw,
A gwych y sosejes, ond och!
Mae Jaci Soch 'di marw.

Arwyn Groe (Llewod Cochion)

PERCHENNOG SIOP CHWARAEON

Mewn pwmpau blingaidd sgleiniog
i'w arch Adidas streipiog
mewn trowsus leicra tynn ei feic
tan amdo Nike odidog.

Huw Chiswell (Gwenoliaid)

DYLIFRWR PRYDAU TÊCAWÊ

Wrth gludo'r *boneless banquet*
a'r ugain *chicken nugget*,
tro'dd cawod law y lôn yn slic;
rhoth gic i'r *bargain bucket*.

Osian Wyn Owen (Dwy Ochr i'r Bont)

SYLWEBYDD

[*i'w ddarllen mewn crescendo*]

Mae'n gorwedd yn ei wely ...
A na! Nid yw'n anadlu!! ...
Mae nawr mewn hers ... Ac ar fy ngwir!!!
Mewn tir mae WEDI'I GLADDU!!!!

Rhys Iorwerth (Dros yr Aber)

SYLWEBYDD

Bu'n amau trwy'r holl gyffro
a oedd hi 'na neu beidio
ond yna daeth y foment fawr,
a nawr mae popeth drosto.

Aled Evans (Beirdd Myrddin)

DYLUNYDD FFASIWN

Arloesi oedd ei fawredd,
A hynny hyd y diwedd.
Ei arch nid yw yn steil y dydd:
Mi fydd 'mhen ugain mlynedd.

Emlyn Gomer (Caernarfon)

DYLUNYDD FFASIWN

Ym Mharis gwnaeth ei ffortiwn,
i Horeb daeth heb fwtwn;
mewn amdo rhad heb label bras,
aeth yntau mas o ffasiwn.

Geraint Roberts (Beirdd Myrddin)

CYFIEITHYDD AR Y PRYD

Pan alwodd Duw ar Leusa
i'r nefoedd, wedi'r yrfa,
darganfu ei bod mas o waith:
'mond un iaith sydd yn fan'na.

Geraint Williams (Y Cŵps)

ARHOLWR PIANO

Dechreuodd yn *vivace*
cyn newid i *andante*,
ar ôl y *coda*, mae'n y gro
a'i dempo'n *molto grave*.

Llŷr James (Derwyddon)

COMEDÏWR

Digrifwr o Frynberian,
Nid oedd yn ddigri, druan,
Bu farw tra oedd fyw, un waith,
Ond ganwaith ar y llwyfan.

Tudur Dylan Jones (Tir Iarll)

CARAFANIWR

Fe dreuliodd, yn nomadic,
ei oes yn slofi'r traffic,
ond nawr ar blot yng nghanol cae
y mae yn hollol static.

Marged Tudur (Dros yr Aber)

CARAFANIWR

Drwy'i oes ar hyd yr heol
arweniai gwt angladdol,
ac ar y daith i'r Crem yn awr
nid yw hi fawr gwahanol.

Idris Reynolds (Crannog)

CERDDI RHYDD

'A ninnau heb ein bardd daw'r tîm drachefn
Ynghyd i baratoi a chwilio'r min
I naddu cerdd na ddaw ond wysg ei chefn.'

CUSAN

Mae'n hwyr
a minnau'n pwytho geiriau hud
yn gwrlid stori
i'th lapio ynddi,
a'th adael yno
yn nhir cwsg a'r tylwyth teg.
Cyn i mi gofio'n rhy hwyr
am glec y stepan isaf,
a'r pwythau'n datod –
'Un sws eto'.

Mae'n hwyr,
a minnau, wrth aros
yn troi'r pwythau'n glymau
o betae a phetasa'.
Nes i mi glywed, o'r diwedd
glec sigledig dy sodlau
ar y stepan isaf.
Ac fe ddoi â'th chwedlau
at ddrws fy llofft,
cyn chwythu sws o'r tywyllwch –
'Dwi adra'.

Haf Llewelyn (Penllyn)

BLINDER

Ei defod ddi-ildio yw codi'n blygeiniol.
Tra bo'r gwlith mor loyw â'i llygaid,
ac arogl blodau dyddiau
yn dal mor gyfarwydd, mor gyffyrddadwy.

Taera eu bod hwythau yma'n rhywle;
stŵr y traed bychain yn rhuthro'r grisiau
a chysgod gŵr yn croesi'r buarth.

Mae'n troi bwlyn y weirlas â'i dwrn crynedig,
i'r chwith, i'r dde, gan chwilio llais o'r twrw chwâl
fel iaith cwmnïaeth y caeau
yn dychwelyd drwy'r tarth. Rhaid gosod y llestri.

Mae'r wawr yn codi fel bara brwd;
bydd y pelydrau cyntaf yn torchi'u llewys,
yn taenu'u gwenau'n dew ar fwrdd y gegin fach.

Ond does dim yn cydio; mae'r tonfeddi'n rhy garbwl,
y geiriau yn gwmwl, a'r tes am y tŷ.
Caiff hynny o gwmni yfory, drachefn,
i wylio'r buarth, a'i ffedog yn lân.

Osian Rhys Jones (Y Glêr)

ESBONIO

A phwy yw'r ffŵl hwn sy'n ei ddwbl a phlet
yn cario'i wybod fel cragen crwban,
a rhoi yn sioe dystygrifau ar seld –
heb wybod nad gwybod ydyw gweld?

Diosg faich dy raddau papur!
Tafla dy bensil, a dyro dy law am y baladr dlos
a ddaw o ddwrn y wawr i ddarnio'r nos,
y llafn o haul all fynnu o hyd
daenu'i olau rhwng bylchau'r byd;

Hawlia di chwedl ei heiliad chwim
a ddwed nad yw gwybod yn ddim.

Nid beth yw'r lliw hwn? Neu beth yw'r llall?
Ond pam hwn? Dyna yw'r cwestiwn call.

Profa eiliad yr esboniad byw,
gwêl hi yn galw, galw yn dy glyw;

yna dal hi, yr eiliad, am eiliad yn dy law lân,
a bwr' hi'n bell ar ei hesgyll drwy'r gwyll yn gân.

Ŵr doeth, deallaist y byd am un funud fân.

Mererid Hopwood (Tir Iarll)

BRWYDR

Fe ddaeth imi'n gyflawn heddiw
ar draeth o ludw du
a'r creigiau basalt fel peipiau organ

y daw'n awr gwneud nyth pan ddaw
ac nad 'di ots am drefn y dro
ar ôl cynefino â'i breuddwydio cyhyd;

gan mai natur pethau, pobl, fydd llithro
drwy'n dwylo fel gronynnau
ac y collir ninnau i rywrai'n ein tro
fel môr-wennol wen yng ngwynder y nen.

Byddai trio gohirio hyn
fel dyffryn yn trio cwffio rhewlif,
fel rhaeadr yn trio nadu'i hun rhag neidio,
neu fel craig yn gwrthod erydu i gnebrwng o fôr.

Llŷr Gwyn Lewis (Ffoaduriaid)

ENCILIO

Rho im iaith yr oriau mân,
ennyd i mi fy hunan
i rifo awr arafach
a dal byd yn dawel bach.

Rho im awr mewn storm eira
a thro'r haul yn llethrau iâ,
i gau y gwynt yn ei gell
a gollwng llafn ei gyllell.

Rho im oed wrth donnau'r môr,
rho ras i mi yn drysor.
Ga' i orig heb sŵn geiriau,
dim ond cydio dwylo dau.

A ga' i ffoi o olwg ffin,
a heria daith pererin,
a byw heb ôl yn y byd
na hanes am un funud.

Aled Evans (Beirdd Myrddin)

PARSEL

Efallai mai sgrech y larwm
chwalodd ei freuddwyd o'n dipiau
a'i ddeffro'n ddryslyd
i lafn yr haul trwy ffenestr y llofft.
Efallai iddo fethu'n lân â gwasgu'r past
o war y tiwb Colgate
neu efallai i ddŵr y gawod
fynd yn oer mwya' sydyn.
Aeth,
a'i esgidiau lledr yn chwibanu dros garreg y drws,
ei sws glec yn stwmp sigarét ar ei boch
a sŵn ei henw anwes yn sownd
fel llinyn o gig rhwng ei ddannedd.
Ond, efallai mai gweld platiau
neithiwr yn nŵr budr y sinc wnaeth o,
meddyliodd hithau
wrth syllu ar y llestri
yn sêr ar lawr y gegin.

Marged Tudur (Dros yr Aber)

DILEU

Welsoch chi fi'n diflannu?

Rhywle rhwng y *contraction* olaf a'r geni
cefais fy nileu.

Fel anifail, pobl eraill sy'n fy niffinio nawr.
Mam. Miss Wiliam ... Miss? Aeliau yn codi.
Come and join us Mummy!

Fesul clwt budur, fesul ffid,
rwy'n clywed bys yn gwasgu ...
Dileu! Dileu!

Pan fydda' i'n estyn bron yn lle beiro
yn gwthio coetsh yn lle reidio beic
yn trafod Calpol yn lle llyfr.

Ond flwyddyn gron yn ddiweddarach,
dyma fi'n edrych ar
y person bach yma
a ddaeth mor ddisymwth
i'm dileu fel fflach,
ac rwy'n gweld fy hun mor glir â haul ar bared.

Casia Wiliam (Ffoaduriaid)

DIGON

Dim ond pêl
yn bownsio'n hurt
i gornel gyfyng,
a minnau'n dweud
na chaet ti'r un arall
i'w gollwng yn ddiofal
o gledr dy law fechan.
Cyn tosturio – a gwthio eto
ddarn o arian i'r slot,
a'i chael
yn grwn,
ddilychwin.

Dim ond pêl.
'Dal hi'n dynn – paid gollwng.'
A thithau'n ei hanwesu
yn cau dy ddwy law
yn dynn amdani.
A minnau'n gorfod edrych draw,
rhag gweld
pwysau'r cyfrifoldeb
yn llenwi dy lygaid.

Haf Llewelyn (Penllyn)

CACEN

Gefn Ionawr at y giât dôi'r praidd
Yn llwyd o'r gwynder llwm,
Rhyw gloffi dod a llaw fy nhaid
Ar sêm y pecyn trwm,
Fe'i trôi fel coeten yn y cafn
I'w gnoi yn swmp gan ddeugain safn.

Yn Ebrill âi fy nhaid i lawr
I'r pant ym mhen draw'r cae,
Lle roedd y famog yn ei hawr
Dyhefod yn dyfnhau,
A chael yn ôl o'r hen fis du
Un llwyth yn llithro'n boeth o'r bru.

Eurig Salisbury (Y Glêr)

NERTH

Ym murmur ac ym mharabl
di-eiriau dy stori,
rhyngom bwriwyd yr angor sy'n ddeall
ac ni all neb na dim dan haul
ei chodi hi,
ac ni ddaw dydd traul i'w haearn tryloyw
na rhwd i'w rhaff;

ond mi wn,
gwn yn saff,
fel pob tad a mam,
y daw awr ei dirwyn,
am mai cariad yw dweud – 'cer di';

a rywfodd, bryd hynny,
pan fyddaf i'n gryfach,
wele fi'n gadael fynd.

Mererid Hopwood (Tir Iarll)

GWAREDU

Os bydd fy esgidiau rhyw ddydd heb eu cân
o bobtu y rhiniog a'u gwadnau'n lân,
rho nhw i rywun sy'n dechrau'r daith
fel bod fy Nghymru yn rhan o'i iaith.

Pan weli fy nghotiau a'u cefnau'n cwrdd,
gwisga eu persawr a rho nhw i ffwrdd
ynghyd â'm holl lyfrau, ond bodia nhw'n glên,
rho nhw i eraill sy'n caru llên.

Os erys llythyrau o'm dyddiau gynt
lluchia nhw'n ddarnau i'r pedwar gwynt,
er mwyn i'r dwedyd cyd-rhwng y gwyn
fwrw ei wreiddiau eto fan hyn.

Pan na fydd ohonof ond un peth i'w roi
tyrd at fy ymyl a dalia fy noe,
wrth iddo basio, yn dy anadl di;
rho fi i orffwys lle'm ganwyd i.

Mari Lisa (Gwylliaid y Llew Coch)

CHWARAE

Bryd hynny, roedd yr haf yn hir,
y dyddiau 'nhraed eu sanau
a sŵn piano'r tylwyth teg
i'w glywed dros y caeau.
A ninnau'n tri yn herio'r byd,
ei ddrain a'i ddanadl poethion,
nes deuai'r nos i'n hel i'r tŷ
yn ras o fochau cochion.
Aeth tri yn ddau yn hiraeth haf;
mae'r dyddiau'n gwisgo clocsiau
a nodau piano'r tylwyth teg
sy'n siwrwd ar y cloddiau.

Marged Tudur (Dros yr Aber)

TRWYDDED

Nid yw rhyfel yn dweud dim am bwy oedd yn iawn,
nac yn gyfiawn,
dim ond pwy sydd ar ôl;

ac os y medr gychwyn, un bore Gwener, gyda gair o gelwydd,
mor, mor rhwydd,
mae'n gorfod gorffen yn gymen o gelain efo'r gwir;

Amynedd ac Amser, y ddau filwr hyna'n bod,
sy'n tystio, ''Tasa'r meirw yn gallu siarad, ni fyddai rhyfel mwy';

oherwydd trosedd yw,
ac y mae pawb a'i gwelodd, yn dal i'w weld
tan ddiwedd y byd;
maen nhw'n deall na all bidog wneud dyn allan o hogyn,
dim ond cynnau ofn ysbrydion yn llygaid dynion ...
a straeon y meirwon, o'u clywed yn y caban yn dychwelyd,
a allai ladd pob lladd yn llwyr.

Ni all y byd fod yn fwy na 'byd',
yn fydol ac yn fythol ffôl,
ond y mae mesur amgenach dyn i'w gael yn y modd y mae'n
    gwisgo grym
ac yn byw gyda'i bŵer,
ac yn ei allu i ddeall fod heddwch gwael yn waeth na gyrru'r
    bechgyn
yn goch eu gwaed i'r gad.

Ar y maen hwn sy'n grwm o'n henwau,
yn gynion lleddf ac yn llwch,
y mae pob duw yn gelain, oni bai am dduw rhyfel,
ac nid oes neb, neb,
ond y rheiny y cerfiwyd eu henwau yn annwyl gan ddagrau,
wedi gweld diwedd rhyfel erioed.

Karen Owen (Fforddolion)

PWYSAU

(Mae 'A phwys o bridd, a phais bren' yn llinell ym
'Marwnad Lleucu Llwyd' gan Llywelyn Goch ap Meurig Hen)

Er na chawsant, yn y bwlch rhwng bomiau,
barchusrwydd y bais bren,
na chwaith garreg a rhifau'n gain,
na marwnad, nag emyn, na blodau,
na the, na sgwrs, na ffrindiau'n
codi peint a mynd i hwyl,
mae ar bob un,
ble bynnag mae,
bwys o bridd
a dagrau.

Siân Northey (Criw'r Ship)

HWIANGERDD

(I'r mab yn y groth ar noson stormus)

Hidia di befo'r hen storom, er ei bod hi'n fygwth i gyd,
cei ddigon o ddyrnu a chicio pan fentri di allan i'r byd.

Hidia di befo'r hen storom, 'na i esgus nad ydw i ofn,
er bod crafangau bwystfilod yn rheibio fy nghalon ddofn.

Hidia di befo'r hen storom, mi swatiwn i'n gilydd ein tri,
er 'mod i'n amau y doi di i edliw'n pechodau ni.

Hidia di befo'r hen storom, mi wn dy fod eisoes yn gaeth
i lwyni llus a llygaid llaith,
a gwaed Crist fel cysgod craith
ar ryw hen hŵr o hanner iaith
a'th frawd am ddwyn dy siaced fraith
gan hwrjio siwt ac oes o waith
ac yn y man yr huno maith
ac y daw i'th ran cyn diwedd y daith stormydd llawer gwaeth.

Ond hidia di befo'r hen storom, hidia di befo nhw'i gyd.

Gruffudd Owen (Ffoaduriaid)

CYHYDNOS

Rwy'n cofio meddwl
y cai'r person nesaf
a holai sut y cysgai'r babi
slap.

Tan un gwanwyn,
yn araf bach,
daeth dydd i olygu dydd,
y nos i olygu nos
a'r ddau cyn hired
cyn fyrred
a chyn bwysiced
â'i gilydd.

Diffodd y golau.
Cusan.
Nos da.

Edrychaf drwy'r ffenest
ac mae'r lleuad yn gwenu.

Gwennan Evans (Ffoaduriaid)

CYFRINAIR

Rwyt ti'n teipio'r gair,
â'th law yn cuddio'r sgrin,
y gêm yn agor y drws iti
ac rwyt ti'n lladd dy brynhawn o ffrindiau
fesul un.

Wedyn, wrth i fatri dy ddiwrnod bylu
rwyt ti jyst yn mynd ...

... Ac fe ei di i'r gwely'n lân.

Yng nghoedwig fy atgofion
mae sied sy'n agor ei ddôr
i'r rhai a ŵyr,
lle mae sŵn briwsion
a photeli pop,
lle mae giang yn bwyta angerdd
â gwalltiau brwnt fel brigynnau coed
ac arogl ymladd o dan eu hewinedd.

Rhyw ddydd,
awn ni yno, dwi'n addo
a sibrwd
drwy dwll y clo.

Mari George (Aberhafren)

CYWIRO

Gollyngodd y placard
ben i waered wrth y drws
a hongian ei chot ddiferol i ddadmer
dŵr ar lawr y cyntedd.
Rhoddodd bwt o helô mewn llais cryg
a'i llwnc yn llosgi;
digon i'w rhieni wybod nad aeth i'r ysgol eto, o raid.

Ac er dod nôl i rannu'u maldod
o gwmpas yr aelwyd glo,
roedd hi wedi blino gormod
i gydsyllu i'r tân;
ofnai gysur y mwg
a segurdod tad a mam.

A martsiodd y grisiau
i orwedd yn ei gwely fel sowldiwr bach
a'i gwrthryfel di-gwsg yn glyd,
ond yn clywed dim ond y glaw.

Osian Rhys Jones (Y Glêr)

GWYRIAD

Gyda bod y lonydd
yn fwy tawel a llonydd
dyma droi oddi ar y lôn bost
i weld ffynnon Gwenffrewi
fu ar ein rhestr cyhyd.

Medd rhai na fydd pethau byth yr un
pan aiff hyn i gyd heibio:
'sgubwn ludw'r marchnadoedd
i graciau'r tir lle cerddwn. Cyfarchwn
ein gilydd, a'r awyrennau'n rhydu.

Nid newid wnawn ni wir: dod 'nôl
yn bagan at y pethau hen, elfennol:
at wres haul, at flagur, ac at ddŵr
berwedig o oer. O lechen i lechen,
neu'n ôl i ddarllen *braille* y sêr
â'n bysedd dall a glân. At darddiad pethau,
down 'nôl i ymdrochi yn yr hyn
sy'n argoeli'n mendio, ond i ni eu coelio.

Llŷr Gwyn Lewis (Ffoaduriaid)

CROESI'R LÔN

Fan hyn yr ydym ni, bob dydd,
ar ochr saff y stryd
a'n gwynt yn boeth ar ei gwâr
hi, y ferch sy'n dal y sgrin
llonydd. Mor llonydd.
Ninnau, yn dal ein hanadl fel un,
bron.

Wyth munud a phedwar deg chwech eiliad.

Draw fan'cw, bob dydd,
petalau'n codi a gostwng yn yr awel
dan amdo seloffen.

Wyth munud a phedwar deg chwech eiliad.

A ninnau'n baglu dros ein traed o glai
a gwynt y canrifoedd yn ein gyddfau,
i fynd o'r tu arall heibio,
bob dydd.

Mari Lisa (Gwylliaid Cochion)

NEGES

Annisgwyl, ar bnawn mor las
dan y garn ac uwch y dŵr,
oedd darllen ar waelod y garreg hon,
'Y bedd hwn a wnaed gan ei gŵr'.

Teiliwr Llithfaen oedd hwnnw –
Un Wyth Saith Naw –
adawodd ei frethyn a'i nodwydd ddur
am forthwyl a chŷn a rhaw.

Un gwanwyn diwedd byd,
am ei wraig a'i chist o goed,
cododd dri chwrs o feini i gynnwys
y bedair ar bymtheg oed.

Briwiodd ei ddwylo gwynion,
unionodd, â chrefft, ei boen,
lle heddiw mae clychau Ebrill,
cân adar a brefu oen.

Myrddin ap Dafydd (Tir Mawr)

DRANNOETH

... a phan agorith e'r drws,
bydd y cwbl yr un peth,
iddo fe
ac aiff yn ôl ar ei sgwter.
Bydd yr haul
yn teimlo fel dillad rhy dynn
ond fe aiff i rwydo'r byd,
at ben y stryd
tan i mi ei alw yn ôl
a bydd yn troi,
a'm gweld yn iawn,
yn gloff gan ryddid,
yn tagu ar yr awyr iach,
yn fach ...

... a bydd yn gweld hefyd wrth nesáu,
y golled a dyfodd
dros lwybrau.

Mari George (Abehafren)

CYN ...

Cyn
y bygwth o bendraw byd
y cripio drwy gyfandiroedd
y brolio nad oedd yn broblem
y cau tafarnau
y cau popeth
y diweddaru dyddiol
yr ailddiffinio ffiniau
y gwaeledd
y galar
y mygydau'n ffindio'u ffasiwn
y Steddfod Am-gen
yr haf petrusgar ryfedd
yr hydref aros adra
y Dolig o dawelwch
ac encilio'r Calan
cyn
lle o'n i, dywad?

Siôn Aled (Criw'r Ship)

URDDAS

(Jane Leonard, Cei Bach – Siani Pob Man – 1834–1917)

Rhyngot ti a'r ieir mae'r gwir, mae'n siŵr,
â'ch olion bellach dan y dŵr;
ond ambell dro â'r môr ar drai
rwy'n gweld dy ôl mewn deigryn clai,
y tywod gwag yn blisgyn ŵy
a'r tonnau'n cynnig sylltau'r plwy'
i gael eu ffortiwn, fel o'r bla'n,
a'u rhwydo mewn rhigymau mân.

'Mae Siani Pob Man yn gwneuthur ei rhan
i gadw y Cei mewn poblogrwydd ...'

Rhwng Cei a Chei rwy'n chwilio'r cregyn
am adlais dy chwedl anllythrennog,
yn ceisio hanes gwraig grwydrol y môr
o blith hanesion Capteniaid a chychod.

Ond ddoi di ddim,
mae'r llanw mas
a'r deigryn clai yn awyr las.

Catrin Haf Jones (Gwenoliaid)

CYFRIF

Gan Groe fe ddaeth y tasgau'n ôl y drefn
a'r criw'n cyfarfod yma 'ngwres y sgrin,
ond oerach tân o bell na'r 'stafell gefn.

A ninnau heb ein bardd daw'r tîm drachefn
ynghyd i baratoi a chwilio'r min
i naddu cerdd na ddaw ond wysg ei chefn.

Rwyf i'n dreuliedig megis carreg lefn
yn hercio'r mydr dros fy ngeiriau crin
heb lygaid un fu yma'n cadw trefn.

Mae'n anodd creu heb glydwch byrddau pîn
y Red a hithau'n mwytho'i gwydraid gwin.
Er bod ein naddu'n flêr heb Mari'n gefn,
mae'n rhaid ei gyrru'n ôl – cans dyna'r drefn.

Tegwyn Pughe Jones (Gwylliaid Cochion)

CERDDED

Aeth y pnawn â ni a'n gollwng ar draeth
lle nad oedd neb, neb i wadu na chadarnhau
y buom, ein bod. A chymerais yng nghledr
fy llaw gragen wen fel asgwrn migwrn sant;

cymerais olion dy draed a'u lapio'n dyner
dan fy nghôt, i gofio'r daith ddirybudd;
cipiais dy lais o hafnau'r clogwyni,
a cheisiais, cyn dychwelyd at y gegin faith
a'r lolfa orflodeuog, ddwyn hen wybod y môr
o'r haul a'r halen yng nghraciau'r wefus;

dwyn ffydd pererin fod ynys o'n blaenau,
y deuai ein llestr i'r lan heb ei ddarnio
gan y don, ac y caem ni, cariad, godi
ein haddoldy'n gadarn ar y graig ddu.

Iestyn Tyne (Y Chwe Mil)

TATŴ

Dau â doethineb poteli Prosecco oeddem,
yn baglu i'r parlwr a gwên Mehefin
yn lliw haul ar ein talcenni.

Craffais ar y lluniau;
cribaist dithau dy fys yn erbyn
delweddau'r posteri sgleiniog,
yn simsan astudio,
cyn datgan ar dop dy lais mai,
'Hwn dwisio.'

Ninnau'n parablu fel pwll y môr,
hwnnw oedd mor wastad wydrog –
pan oedd y tonnau ynghudd.

Gwingaist, brathaist dy wefus.
Gwridaist wrth deimlo'r inc
yn gusan gynnes ar groen.

Sut beth, tybed, ydy bod â hanes brau
yn britho dy gorff
heddiw?

Gareth Evans Jones (Y Chwe Mil)

CYN BO HIR

Nid af i drafferth eto
I drwsio'r wedars blêr,
Ac ni fydd brys i aerio'r
Gôt oel, na hwylio'r gêr.

Dim injan yn cau tanio,
Na chewyll gweigion, trwm,
Dim ymffrost yn y ddalfa,
Na llwg tymhorau llwm.

Dim partner mawr ei phryder,
Yn gwadu pigau'r cloc,
Tra'n didol dillad tywyll,
'Mae'n siŵr y daw o, toc.'

Â'm traed yn sad ddi-sigl,
Ar dir digyffro'n siŵr,
Er chwith, ni wnaf warafun
Tro Cian ar y dŵr.

Huw Erith (Tir Mawr)

GOFOD

Gyda selotêp a mymryn bach o gred,
sticiais y planedau ar wasgar uwch y gwely
a dodi'r sêr rywle rywle yn eu plith –
yn fan'na, a fan'na, a fan'na.

Gweld, serch hynny, resymeg
yn fy nghreadigaeth.

O ddiffodd y golau, edrych tua'r nenfwd,
gweld siapau a wynebau a phatrymau
rhy ddigamsyniol i fod yn ddamweiniol –
crafanc cranc, môr-forwyn, dyn â'i fwa,
clorian gopr fel yng nghegin Mam-gu –
yn tincian tu ôl i'r plastig.

Yn fan'na, a fan'na, a fan'na.

Rhy gwbl glir, dwedwch y gwir,
i fod yn ddim
ond clec
dychymyg plentyn
ar nenfwd diffaith, gwag.

Gwynfor Dafydd (Tir Iarll)

GOFOD

Wrth y ffa pob a'r pasta
mae ffôn yn igian mewn poced
a llais wedi'i wisgo mewn *high-vis*
yn cymysgu amser yn sment,
yn torri anadl ar rimyn tun,
yn codi'r glud o wadnau fy sgidiau
a'm hebrwng heibio'r basgedi,
drwy'r dwylo sy'n bachu *meal deal*,
dros y ffrijis, dan y tils am y drws.
Mewn llai na munud
daeth troli i feddiannu'r *aisle*,
ar ôl paned bu rhywun yn ailstacio
a hongian y cynigion diweddaraf,
a chyn cau mopiodd criw'r shifft nos y llawr.
Rhwng y Dolmio Bolognese a'r Lasagne
sylwodd neb ar botel lefrith
yn sgi-wiff ar y silff.

Marged Tudur (Dros yr Aber)

CALLIO

Cringoch ei chôt
â mellten wen ar ei hwyneb
yn rhannu llygaid llawn diawlineb
mor wyllt â'r mynydd moel.

'Theimlodd y tir erioed ffasiwn gyflymder,
na'r defaid ffasiwn fraw.
'Chlywodd y bwncath ffasiwn sgrechian,
na'r cymdogion ffasiwn ddiawlio.

Nid dylni na chythreuldeb sydd ar fai;
gorfrwdfrydedd yw gwendid Mabli Haf,
yr ast fêch goch gen i,
ei llam sy'n gynt na'i deall.

Ond fesul helfa a fesul cae,
cam wrth lef mae hi'n altro yn ara' bêch.

Fe arhosith y mynydd am weddill fy oes
a dim ond tair oed ydi hon.
Mae eisiau blwyddyn i gallio bob coes
ac oes i gallio'r ffon.

Sam Robinson (Llewod Cochion)

BWRW'R BAI
(COP26)

Bwrlwm o wleidyddion
fesul un
ac un
yn glanio'n eu jets;
fel brain ar gae ŷd,
a'u crawcian byddarol o addewidion gwag
yn atseinio'n y cyfryngau.

'Rhaid newid y drefn!'
'Er mwyn y blaned.'

Tra bo tyrau'r sigaréts concrid
yn gwenwyno'i hysgyfaint,
a gronynnau plastig
yn heigio'i moroedd,
cyn gorffwys yn dalpiau
ar draethau
Wet Wipes.

Cei blannu dy goeden – cei fynd i Dubai,
cei dithau'r bugail ysgwyddo'r bai!

Gwilym Rhys Jones (Manion o'r Mynydd)

CYLLIDEB

ugain ceiniog oedd o
ddim digon i fi

aros a phlygu a'i
ollwng heb oedi i

waelodion rhyw boced
ond yng nghornel

eithaf fy llygad fe
welais y wên fwyaf un

yn rhwbio'r sglein
ar y darn arian

cyn ei osod yn y
boced ddirgel saffa'

oedd ganddi

Dafydd John Pritchard (Y Cŵps)

CYLLIDEB

Plannais ardd, magu hadau
mewn corneli heulog
trwy'r tŷ. Eu gweld yn tyfu,
pob un yn wyrth.

Calendula i'r gwenyn,
cwlwm yr asgwrn i'r pridd,
pys pêr a phabi melyn.

Ai dyma sut mae'n gweithio?
Deilen am bob dim dwi'n llosgi?

Mae'r ardd yn llawn o adar bach,
maen nhw'n trydar yn y gwyddfid
wrth i jets y RAF rwygo glas y pnawn
yn garpie.

Grug Muse (Gwylliaid Cochion)

TŶ

Diflannodd yr awyrennau yn ôl drwy'r cymylau,
y paratrwpyrs yn bownsio'n llechwraidd tua'r niwl ...
ac mae dy gartref yn aros amdanat unwaith 'to.

Gafaelodd dy fam yn dy law, dy dywys ar drên yn ôl i ffin
lle mae tadau a brodyr a theidiau
yn dodi gynnau i gadw bendraw'r siwrne,
yn cynaeafu dynion o'r ddaear, rwbio rwbel o'u gwallt.

Yn chwifio, chwifio ...

A phawb ar y platfform yn gwasgaru mewn chwinciad
wrth i ddinas gyfan ailgodi o'u cylch
fel mewn un o dy setiau Lego:
ysgol, eglwys, siop,
blociau o fflatiau'n ffrwydro'n ôl i'w lle ...

Lle mae byrddau bwyd, a sgwrsio mân, a bara'n pobi yn y ffwrn,
lle mae llyfrau heb eu darllen a phlentyndod heb ei orffen;
lle mae blodau'r haul ar silff ffenestr dy stafell wely
yn gwthio'u ffordd i mewn i'r pridd am y tro,
yn barod i'r gwanwyn ailgychwyn.

Gwynfor Dafydd (Tir Iarll)

TERFYNAU

(Gwasgaru llwch yn Aberystwyth)

Welis i 'rioed mo siâp y gwynt o'r blaen,
wyddwn i ddim sut roedd o'n chwipio a chyrlio,
ond heno mae dy lwch yn llenwi pob cornel ohono.

Mae'n cydio, ti'n codi,
yn disgyn fel cawod dros y traeth
cyn chwyddo eto.
Mae hi'n nosi mewn eiliadau yma,
yn dywyll cyn i ti sylwi.

Ac o unman, daw'r drudwyod
yn un gosgordd i dy gario tua'r gorwel.
Mae'r awyr yn frith o lwch a phlu
a phob deryn yn ei wisg ddu.

Yna mae'r gwynt yn gostwng
i dy arwain dan y pier.
Ti'n cwympo,
yn ôl i'r tywod llwyd i glwydo.

Llio Elain Maddocks (Ffoaduriaid)

CYFRI'R GOST

Mae'n gwylio'r ffôn yn dal ei mam
yn sglein TikTok,

... dal ei llygaid
fel ceiniogau yn slots y ffair ...

gwylio o'r pram,
estyn ei llaw at ei mam,
aros,

mae'r fam yn troi a rhoi'r ffôn,
yn hael,
i'w thawelu hi
ac mae hithau'n gweld ei hun mewn cartŵn,
a'i dwy lygad yn sglein y sgrin
fel ceiniogau
yn slots y ffair ...

tic toc ...

Mari George (Aberhafren)

LLOND LLE
(Quatar 2022)

Pan fo llygad y stadiwm yn cau
a gwynt yr anialdir
yn cosi'r amrannau dur,
maen nhw yma o hyd;
y rhai fu'n herio anterth y gwres,
yn hael eu llafur yn chwys y lloer ...

Maen nhw yma o hyd, yn gwmwl tystion,
yn gwylio'r seti blwydd
yn cael eu craenio allan
o'r rhyfyg concrid hwn;
a nhwthau heb fynd â'u celc yn ôl
i Mkushi na Khashmir ...

Buon ninnau'n gweiddi orig
yn nhragwyddoldeb eu murmur nhw,
cyn i'r camerâu godi'u pac ...
nid oes sôn mwy am y tadau coll
a'u cegau'n llac gan syched am gyfiawnder,
ond ... maen nhw yma o hyd.

Ifor ap Glyn (Caernarfon)

PROTEST

Daw drwy'r drws yn gwisgo'i sobrwydd,
ei rhyddid yn nadreddu
drwy gân ein gwydrau,
a'n geiriau igam-ogam
sy'n trio sillafu sbort,
codwn botel,
gwthio gwydr ati,
mae hi'n ysgwyd ei phen.

Rhyw her yw ei hyder hi i ni,
awn i'w mêr,
fel tynnu cracer,
yfwn ei safiad
a bwriwn ei bwriad
fesul jôc.

Dwi'n gwthio gwydr ati eto,
mae'n tynnu ei chot,
a'i gymryd.

Mari George (Aberhafren)

COFNOD

(Dadorchuddio cerflun Cranogwen)

Magu merch yw gei-di-ddimio,
Bythol adrodd yr alli-di-bythio.
A chadw'r ddoli ddel yn saff
Yn oerfel y well-i-ti-beidio.

Magu merch yw petruso,
Mygu antur cyn i'r cwch lansio.
A rhoi yr het, a'r map, a'r rhaff
Dan glo, tan rywbryd eto.

Ond mae 'na wynt yn yr hwyliau heno.
Mae lês dy ffrog wedi cydio ynddo.
O dan drem dy lygaid craff
Caiff merched bach eu llywio.

Magu merch yw cei-mi-gei-di,
Magu merch yw wyt-ti'n-gallu.
Heddiw, pan mae hi'n cwestiynu,
Magu merch yw dos-i'w-gweld-hi.

Llio Elain Maddocks (Ffoaduriaid)

GWADU

Mae'n sôn
fod o a'r ferch
heb siarad ers blynyddoedd

wrth sgwrsio dros y clawdd.
Fo, y ci, a'r eithin,
a finna'r ochor arall
yn pwyso dros y rhesi pys.

Ond na, dim bwys.
I be a' i gwyno? Mi dwi,
A'r ci, yn iawn.

Ac mae'r wlad yn llawn o ddynion tebyg
sy'n cerdded eu cŵn a'u pocedi'n llawn
dalan poethion a'u sanau yn llawn drain.

Mae o'n plygu yn ei grwman
i dynnu rhywbeth miniog o'r croen meddal, noeth
ar wadn pawen y ci. Bysedd tyner, gofalus,
sy'n dal yr anifail clwyfedig yn gryndod
yn ei freichiau main.

Grug Muse (Gwylliaid Cochion)

GWADU

Mae haul yr hwyr yn nŵr y ffos
fel awyr wedi rhwygo'r tir,
ond awn ymlaen;

daw oglau craf o ochor lôn
a'i flodau'n sêr sy'n diffodd yn y gwyll,
ond awn ymlaen
yn feilchion 'gwynfydedig'
a'n hesgusodion tila, gwneud-y-tro,
fydd baich ein disgynyddion dirmygedig.

Eu fory fydd yn llosgi megis ffwrn;
fe dawdd y tarmac, os nad â
o dan y don. Ac er mai cariad
ac aberthu yw'r athrawon mawr,
a gwyddom mai trawsffurfio poen,
yn lle'i gyfleu yw'r nod,
gadawn hyn yn faen i'n hwyrion ni,

fel pe na bai dim byd yn bod,
ac ie, fe awn ymlaen ...

Ifor ap Glyn (Caenarfon)

CANIATÂD

Llithraist ohona' i'n hanner griddfan,
cyn lapio carthen yn dwt amdanat,
troi dy gefn a gadael dy oglau
yn hofran yn y gwely rhyngom ni.
Cyn hyn wyddwn i ddim bod plaster y to'n sigo,
bod diferyn o baent wedi syrthio o'r wal ar y sgyrting,
bod bleinds drws nesaf yn mynnu clepian,
a dy fod di ddim yn deall ystyr 'na'.
Dwi'n chwilio am f'anadl.
Yn ara' bach, dwi'n cyffwrdd fy nghorff
er mwyn gwneud yn siŵr 'mod i'n dal yno.
Dwi mor fach â bocs matshys.
Ti'n dechrau chwyrnu.

Marged Tudur (Dros yr Aber)

LLYGAID

Mae dwylo'n bethau brwnt o glyfar:
dileu tecst, coluro cleisiau, dodi mint

i doddi ar dafod. Golchi ydy rhesymeg
dwylo. Hwyr. Eto heno. Cyfarfod. Dy wefusau'n

gwau celwyddau. Yn pwytho gorchmynion
wedyn wrth i'th liniau gusanu llawr

gwesty arall. Yr un amser wythnos nesaf? Ffenestri'r
car wedi'u hagor ar y draffordd 'nôl adref i deimlo'r nos

yn smyglo'r coch oddi ar dy fochau (rwyt ti
wedi gwneud y daith hon o'r blaen), teiars yn gwichian

eu cyfrinachau dros y dreif tra bod
dy stumog yn troi rownd a rownd fel dillad

mewn peiriant golchi. Ac mae hi yno'n dy ddisgwyl
wrth fwrdd y gegin, gyda deigryn yn llithro fel

modrwy lawr ei grudd. A phan ddaw'r cwestiwn
anochel, does dim ymochel rhag y gwir, am fod llygaid

yn bethau lletchwith a phur
anghreadigol.

Gwynfor Dafydd (Tir Iarll)

STWFF

Mae'n agor y giât
gan anwesu'r wich sydd yno
ers iddi fod yn hogan fach.
Aiff heibio Bron Heli, Seagulls, Glan Arfor
a'r tŷ gollodd ei enw mwya' sydyn llynedd,
heibio'r barbeciws a'r caiacs yng ngweflau drysau
a'r garafán statig sy'n magu gwraidd tu ôl i'r gwrych.
Mae'n cyrraedd y groesffordd,
yn codi Eisteddfod ar gilfan,
rigio'r polion, gwisgo teiar,
troi palet yn gwpledi,
angori hen gwch ar dir sych.
Draw ffor 'cw am Gwylwyr, yr Eifl, Garn Boduan,
mae baneri'n hawlio'r gwynt,
bêls yn llefaru yn y caeau,
waliau a chloddiau'n lliwio'r awyr,
pentrefi'n mynnu byw.
Mae'n cerdded adra.

Marged Tudur (Dros yr Aber)

PÂR
(Senghennydd)

Y bore hwnnw, aeth yn ôl y drefn
  i gloddio'n ddygn trwy ddillad gwaith ei gŵr,
a'u rhoi ar lein wrth ddrws y gegin gefn
  heb godi'i phen o'i gorchwyl diystŵr;
synhwyrodd hi ddim smic yn dod o'r dre'
  na chlywed y sgrechfeydd o'i chornel gudd,
os oedd seirenau'n cnulio dros y lle,
  yr oedd ei meddwl hi ar dasgau'r dydd.
Dim ond yn ddiweddarach – pan oedd cloc
  y llofft yn cario clecs, a hithau'n hŷn
dan holl ofidiau'r hwyr – y clywodd gnoc
  swyddogol ar y drws, a gweld bod un
o'i sanau ef 'di llithro o'r lein i'r baw,
gan adael un yn chwifio, bron fel llaw.

Gwynfor Dafydd (Tir Iarll)

OFFER

Mor daclus oedd hi pan gyrhaeddon ni
ym moelni canol gaeaf, brigau'r coed
afalau fel rhwydweithiau'n arwain lli'r
cymylau tua'r llawr, yn bell o oed
blodeuo. Crogai ambell raw a fforch
yn llonydd fel cofebau ar hyd wal
y sied, a weiar torrwr porfa'n dorch
ar fachyn, gwaddol gan y ddau fu'n dal
i dwtio y borderi'n ara' bach.

Ym mlerwch hyfryd haf mae'r lawnt yn las,
mae cadw'r gwyddfid rhag y borfa'n strach
a blodau gwyllt a chwyn yn llwyni bras.

Ond rhag i'r ddau synhwyro, mas yr af,
a chael bod coes y rhaw yn gynnes braf.

Hywel Griffiths (Y Glêr)

ENGLYNION

Mae iaith sy'n garchar i mi – un dyner
dyner ei chadwyni:
fe wn na ddihangaf i
o'i chell, nes imi'i cholli.

PONT

(Agor Ysgol Gymraeg Hafan y Môr, Dinbych-y-pysgod)

Fe rown ein hen gyfrinach – i uno
Dau hanner heb grintach;
Nid yw'r ffin rhwng dwy linach
O unrhyw bwys i'r rhai bach.

Terwyn Tomos (Glannau Teifi)

YMARFER

Adar braw yn hollti'r brwyn, rhu o wynt
dros y rhos, a'r adwy'n
llawn hebog rhwng dau glogwyn
a'r ofn yn llygaid yr ŵyn.

Gwerfyl Price (Llew Coch)

ELUSEN

Cynigiwn ein ceiniogau – yn gyfiawn
Ein gofid am loesau
Hyn o fyd, heb weld gwasgfâu
Trueuniaid dan ein trwynau.

Tudur Puw (Manion o'r Mynydd)

I REOLWR NEWYDD TÎM PÊL-DROED CYMRU

Yn eu hanes, ceisia ennyn balchder,
A bydd hyder wedyn
Yn gafael; dim ond gofyn
I Osian ac Ian Gwyn.

Tudur Dylan Jones (Tir Iarll)

GWAHARDDIAD

(Gwaharddiad ar ddefnyddio'r Gymraeg mewn siop)

Af â her yn fy arian i dalu
Wrth dil ... ac rwy'n mymblan
Yn ddewr, heb feiddio herian:
Dyma iaith y newid mân.

Emyr Davies (Tir Iarll)

ENGLYN YN ENWI SAFLE YM MYD Y CAMPAU

Os holl goliau'r erwau rhad – ddiflannodd
I flaenwr mewn eiliad,
Un dydd fe gefais, yn dad,
Ailgodi yn gôl-geidwad.

Hywel Griffiths (Y Glêr)

CWEST

(Cwest yr Iaith Gymraeg)

Yma gorwedd gem gywrain; ni wyddom
Pam iddi droi'n gelain,
Waeth y farn yn yr iaith fain
Yw 'diddymwyd o ddamwain'.

Emyr Davies (Tir Iarll)

ANTHEM

(Y Wal Goch)

Ar awr hwyr fe synhwyrant – y galw'n
y galon a safant,
ac yn un cyd-ganu wnant
yn filoedd digyfeiliant.

Idris Reynolds (Crannog)

LLW

('I am going to build a wall, and they're going to pay for it.'
Donald J. Trump)

Rwy'n ddiflino fy ngofal yn y ffydd,
ac at ffin rhy feddal
y dof â'm harfau dyfal
gyda Duw ... i godi wal.

Tudur Dylan Jones (Tir Iarll)

LLEIAFRIF

Hyn a hyn sydd ohonom yw'r gofid:
mae mor gyfyng arnom
a'n twrw bach. Ond tra bôm
yn un, mae miliwn ynom.

Llŷr Gwyn Lewis (Ffoaduriaid)

SGARFF

Gosododd ei gwe sidan — yn dyner,
Gosod un droed simsan
O flaen y llall, ac allan
Â hi i'r dydd, a'i chlwyf ar dân.

Huw Meirion Edwards (Y Cŵps)

PARTNERIAETH

Un nos oer mi aeth Sharon i lamu'n
noethlymun i'r afon,
ac yn ei awch, jawch, aeth John
i'w dynwared yn wirion.

Moi Parri (Tegeingl)

CHWIBAN
(I Nigel Owens)

O raid, y rhagfarn a'r rheg – a giliodd
Cans gwelai pob pymtheg
Fod chwiban yn ychwaneg
Ynot ti dros chwarae teg.

Idris Reynolds (Crannog)

CARCHAR

Mae iaith sy'n garchar i mi – un dyner
dyner ei chadwyni:
fe wn na ddihangaf i
o'i chell, nes imi'i cholli.

Llŷr Gwyn Lewis (Ffoaduriaid)

BLAGUR

Yn dair oed, clyw dwrw o hyd – rhyw sgrech
Ar sgrin byth a hefyd;
Â'i wyneb bach at boen byd,
Mae o'n hŷn ymhen ennyd.

Carwyn Eckley (Dros yr Aber)

LOTHARIOS

Rhai'r Eidal sy'n gymeradwy, mae'r rhai
ym Mharî'n gofiadwy;
yn ein tîm mae meistri mwy –
dynion *smooth* Dinas Mawddwy.

Tegwyn Pughe Jones (Gwylliaid Cochion y Llew)

TYSTYSGRIF

(Ar dystysgrif geni O. M. Edwards fe nododd ei dad ei enw â chroes)

A'i law arw-dal-arad – y nododd
Fy mod, ond mae llygad
Pob gwybod, pob traddodiad
Oll fan hyn yn llaw fy nhad.

Gruffudd Antur (Penllyn)

CORS

(Gwlyptiroedd Gwent)

Erioed fe ddwed yr adar – ym min hwyr
Wrthym ni'r clustfyddar,
Gwell diwedd y tirwedd tar
Na diwedd ar ein daear.

Tudur Dylan Jones (Tir Iarll)

ENGLYN YN CYNNWYS ENW UNRHYW BRYFYN

Rhannwn ein dweud ar groen y dŵr heddiw,
rhag boddi'n ffrae neithiwr,
a'i drafod fel dau rwyfwr
dwys a stond ar lyn di-stŵr.

Tegwyn Pughe Jones (Gwylliaid Cochion)

ENGLYN YN CYNNWYS ENW UNRHYW BRYFYN
(Hunlun)

Weithiau, a'm hwyliau yn ulw – trwy hud
ffilter *app,* ar alw,
fy wyneb glân 'welan nhw,
nid llaid, na phryfed lludw.

Carwyn Eckley (Dros yr Aber)

CANOLFAN Y CRYNWYR, CAERDYDD

Ydi Duw yn byw a bod? Nadi siŵr.
Dim ond sioe 'di darfod
ydi Duw. Ond mae rhai'n dod
yma'i dendio Mudandod.

Gruffudd Owen (Ffoaduriaid)

GWERIN

('Nid gwerin nad gwerin gaeth')

Gerallt, mae'r hen ffafrgarwyr – a welwn
yn dal 'run mor brysur,
ac wrth inni golli gwŷr
magu'r ŷm foesymgrymwyr.

Tudur Dylan Jones (Tir Iarll)

GWERIN

Sgwâr wrth sgwâr, hanes gwerin – yw heidio
Rhwng bawd a bys gerwin,
A rhoi eu heinioes i'r drin
I brynu einioes brenin.

Huw Meirion Edwards (Y Cŵps)

UNED

(A minnau ar fin dod yn llystad)

Deallaf, wrth dynnu'u dillad o'r olch
A'u rhoi fesul plygiad
Yn y drâr, beth yw cariad
Er nad wyf i'r rhain yn dad.

Iwan Rhys (Dros yr Aber)

TÂN

Fe aeth ein protestio'n fud, a dofwyd
ein dweud ifanc, tanllyd,
ond byw i newid y byd
wnaethom unwaith, am ennyd.

Rhys Iorwerth (Dros yr Aber)

BREINDAL

I'r gwlatgar nid gwneud arian – o'i heniaith,
Iddo'i hun, yw'r amcan,
Ei wir gamp yw creu o'i gân
Gyfoeth i'w wlad yn gyfan.

Richard Parry Jones (Bro Alaw)

MASG

Bu hwn ar fy wyneb i – yn rhy hir,
ac mae'r wên sydd arni
ond yno i'th dwyllo di.
Dan y mwgwd dwi'n mogi.

Gruffudd Owen (Ffoaduriaid)

MASG

Mae hances gor-gynhesu yn dynnach
    amdanom ac felly
  pan awn mas i'r ddinas ddu
  am egwyl, mae'n ein mygu.

Philippa Gibson (Crannog)

CERFLUN

Yn fan hyn fe safai'n hir, yn garreg,
    'arwr sawl cyfandir',
  er hyn daeth cerfio'r anwir
  i esgor ar gerfio'r gwir.

Tudur Dylan Jones (Tir Iarll)

PENLINIO

Er fy mod yn warchodol o hawliau
    Pob un hil wahanol,
  Mae darn o'm rhagfarn ar ôl
  Ar eu gwddw'n dragwyddol.

Emyr Davies (Tir Iarll)

TEYRNAS

Hwy, o wyll eu 'stafelloedd – yn nadu
Am nodwydd yr ingoedd,
Ac yn yr haul gynnau'r oedd
Pawennau'n cyfri'r punnoedd.

Robat Powell (Tanau Tawe)

YSTADEGAU

Ar daenlen heb eu henwau – mae oriel
Y meirw ar graffiau
A'u hadrodd oer a dry'r ddau
A garem yn ffigyrau.

Myrddin ap Dafydd (Tir Mawr)

SWIGEN

Ddydd Dolig roedd blas y swigod yn dda
ond pan ddaeth fy niod
i ben, roedd yn amlwg bod
normal 'di mynd yn ormod.

Manon Awst (Criw'r Ship)

NODWYDD

Er neisied doliau a thedis di-ri
(rhai drud o John Lewis),
hen un brwnt heb arno bris
'di'w weu gan Nain yw'r dewis.

Gethin Wynn Davies (Ffoaduriaid)

ANIFAIL ANWES

Bwyta'r rhaff a wnei bob tro i ryddid
er iddynt dy fwydo;
mynnu ffynnu, mynd ar ffo
draw o'u hundeb di-wrando.

Tegwyn Pughe Jones (Gwylliaid Cochion)

CYFRIFIAD

(Yng nghyfrifiad 2021, am y tro cyntaf erioed, cynigiwyd y dewis i bobl dros 16 oed nodi eu cyfeiriadedd rhywiol)

Ynot mae'r hen ffurflenni – yn gwadu'r
degawdau o gyfri;
heb chwithdod cei gofnodi,
â'r un tic, yr hyn wyt ti.

Siw Jones (Derwyddon)

TARGED

Da yw Mawrth i'r defaid mân a'u hŵyn byw,
ond am bob oen gwantan
ar y rhos, mae yna frân
i dyllu'i lygaid allan.

Endaf Griffiths (Crannog)

TARGED

(Yn dilyn llofruddio Sarah Everard)

Trwy'r wylnos a thrwy'r rhosod ar ei harch,
Bydd rhai ymhen diwrnod
Yn bwrw'u dedfryd barod:
'Hi sy' ar fai siŵr o fod'.

Emyr Davies (Tir Iarll)

BAND

(I Wyn a Rich Ail Symudiad, a fu'n diddanu am dros ddeugain mlynedd)

Dau frawd yn difyrru'u hynt; y bysedd
ar y bas fel corwynt
a'r llais diymffrost drostynt
a'n gwna'n deulu cân fel cynt.

Ifor ap Glyn (Caernarfon)

TABL
(Y Tabl Cyfnodol)

Mynnwn ddangos a gosod natur oll
mewn trefn; ninnau'n gwybod,
er didoli'r diwaelod
na ddown byth at wraidd ein bod.

Llŷr Gwyn Lewis (Ffoaduriaid)

TABL
(Cyfrif marwolaethau COVID-19 Cymru)

Aeth hi'n rhwydd codi 'sgwyddau ar y rhif
mewn rhes o ffigurau.
Ond ym mhob cymuned mae
rhai heno'n cofio'r enwau.

Rhys Iorwerth (Dros yr Aber)

EISTEDDFOD T

Yn nyddiau blin codi ffiniau – a mur
mieri dros lwybrau,
erys gŵyl heb ddrws i'w gau
a gwledd o faes digloddiau.

Anwen Pierce (Tal-y-bont)

ARWYDD

('Hawl i fyw adra')

O'n nyth fe awn ni weithie i bedwar
ban byd; dŵad adre'n
ôl o hyd, ac mae'r hen le'n
dawel, a'i lond o wye.

Gruffudd Antur (Penllyn)

CARDOD

(Mam ifanc mewn sach gysgu ar Heol y Frenhines, Caerdydd)

Rhof ddyfned â'm pocedi – yn fy hast
yn llaw'r fam, sy' 'nghwmni
un llaw fach na allaf fi
â'm holl enaid mo'i llenwi.

Lowri Lloyd (Beirdd Myrddin)

PARTI

(Yn dilyn y newyddion y bu partïon yn
Stryd Downing yn ystod y Clo Mawr)

Nid y gân ond y gwahanu, nid cwis
Ond cusan galaru,
Nid gwin rhad ond dillad du,
Nid uchelwydd ond chwalu.

Hywel Griffiths (Y Glêr)

CANLYNIAD
(Prawf DNA)

Er bod dedfrydu'r papurach – yn dweud
nad yw hwn o'i linach,
ar wyneb byw yr un bach
mae gwên y prawf amgenach.

Tudur Puw (Manion o'r Mynydd)

TECWYN IFAN

Weithiau'r iaith a'i hiraethu; weithiau'r diwn
a thraw dwys y canu;
weithiau'n obaith i'n hybu:
heno Tecs oedd yn y tŷ.

Rhys Iorwerth (Dros yr Aber)

TECWYN IFAN

Y llais tyner sy'n ein herio – drwy fynd
i'r Dref Wen a'n huno
mewn cân, a'r coda'n cydio
i'r tiwn gael ailgodi'r to.

Anwen Pierce (Tal-y-bont)

MAP

Y gwŷr hen, uchel eu gradd, yno maent
uwchlaw map yr ymladd
yn olrhain mewn manylradd
hydred a lledred y lladd.

Ifan Prys (Caernarfon)

DINAS

(Mariupol, Pasg 2022)

... yno, am eiliad, mae heulwen yn gryf
uwch rhyw groes anniben,
ac mae braw yng nghystrawen
bore hardd rhyw ddarn o bren.

Dafydd John Pritchard (Y Cŵps)

DINAS

(Mariupol)

O 'ngwthio hyd fy ngwaethaf, o orfod
codi arf, a laddaf?
Ond â dwrn haearn arnaf
gwn yn iawn o raid y gwnaf.

Gwion Aeron (Gwylliaid Cochion)

LLOCHES

I'r rhesi, ni rown groeso, nid i'r fam,
Nid i'r ferch – rhaid pwyllo ...
Ond rhown i elw bob tro,
Arian budur neu beidio.

Hywel Griffiths (Y Glêr)

ANGHENFIL

I bawb, mae ei wyneb o – a'i wenau
Mor dyner â'i ddwylo.
Hithau ŵyr nad oes gwyro
Rhag ei law â'r drws ar glo.

Cynon Gwilym (Manion o'r Mynydd)

ANGHENFIL

Hawdd yw dy ymgeleddu di heno,
ond daw 'na nos fory
o hyd, a hwn â'i ofn du
yn dal o dan dy wely.

Llŷr Gwyn Lewis (Ffoaduriaid)

TAFLEGRYN

(Ar ddiwedd perthynas)

Dau air iasol: 'Mae drosodd.' – Un arall:
'Sori', a dwi rywfodd
yn fud heb wybod pa fodd
yn ei cholur y'm chwalodd.

Tudur Hallam (Derwyddon)

TAFLEGRYN

Un gannwyll orffwyll berffaith, a honno
I'w thanio ond unwaith,
Heb fodd i'w diffodd, ar daith
I gynnau galar ganwaith.

Philippa Gibson (Crannog)

ENGLYN YN CYNNWYS ENW UNRHYW FATH O FEDDYGINIAETH

Mae'r gair 'eli' mor greulon i'r bychan,
ond er beichio cyson
y crwt, fe rof ar y cro'n
gariad â 'mysedd geirwon.

Iwan Rhys (Dros yr Aber)

ENGLYN YN CYNNWYS ENW UNRHYW FATH O FEDDYGINIAETH
(Y Samariaid)

Heno'n rhemp a'th werth yn rhad – yn y ffôn
rho dy ffydd a siarad;
dos a dweud düwch dy stad
a daw'r eli drwy'r alwad.

Ifan Prys (Caernarfon)

AILWYLLTIO

Na, nid fforest ond ffeirio syniadau,
sŵn hedyn yn gwreiddio
mewn tirlun sydd yn uno
coed a bref er cadw bro.

Hywel Griffiths (Y Glêr)

AILWYLLTIO

Â haenen ddiwydiannol yn gwywo
ar gaeau'r gorffennol,
tyfwn flagur naturiol
fel ffatri'n egin yn ôl.

Aron Pritchard (Aberhafren)

CYNGOR

O gariad tuag ato, heb holi,
rhois y pilyn iddo
ond er hyn y mae ers tro
yn wasgod heb ei gwisgo.

Philippa Gibson (Crannog)

CYNGOR

Y mae galar yn ymgelu mewn lle
Neu mewn llun, cyn brathu;
Ond eith, fe eith hiraethu
I gornel tawel o'r tŷ.

Emyr Davies (Tir Iarll)

CLO

(Roe v Wade 2022)

Mae genod trwy orfodaeth – yn esgor
dan gysgod barnwriaeth.
Am eu cyrff yn rhwymau caeth
mae hualau mamolaeth.

Gruffudd Owen (Ffoaduriaid)

GWERSYLL

Mae grym i'w gyrru ymaith, i'w rowndio
i Rwanda'n eu hartaith,
i ladd eto bob gobaith.
Neu mae'r grym i iro'r graith.

Carwyn Eckley (Dros yr Aber)

ADNOD

Unwaith bu hi'n fy mhoeni – hyd salwch
Cyn dôi Sul yr holi,
Yn awr, a'm haul yn oeri,
Mae hon fel moddion i mi.

Robat Powell (Tanau Tawe)

PERCHEN

(I'm merch Edwy, o glywed tad un o'r bechgyn ar y tîm arall yn galw, 'C'mon, she's just a girl!')

Nid un i ofni dynion – yn y gôl
galed ei hergydion
ydyw hi. Newidia hon
wŷr y byd â'i harbedion.

Tudur Hallam (Derwyddon)

ARWYDD

Tŷ ar werth ... Ond fel bob tro, rhai o ffwrdd
ddaw â'r ffi'n ddidaro,
ac â swmp eu gasympio,
prynu tŷ ddaw'n brynu bro.

Rhys Iorwerth (Dros yr Aber)

PARSEL

(Ar ward mamolaeth)

Yn fy nghôl mae fy ngolud, – yn fy nghôl
mae fy ngalar hefyd;
parsel na chaf ddychwelyd
yw'r horwth bach gwerth y byd.

Gruffudd Owen (Ffoaduriaid)

CÂN WERIN

Llais cras sy'n addas iddi, nid cordiau
Cywirdeb; mae egni
Tafarn flêr i'w hyder hi
A harddwch heb hyfforddi.

Emyr Davies (Tir Iarll)

PENILLION AMRYWIOL

Roedd rhaid cael arch XL i Wil
Cyn iddo fynd i'r ffwrn
Ac er mwyn cynnwys yr holl lwch
Bydd angen creu 'tal-wrn'.

PENILLION MAWL NEU DDYCHAN

IWTIWBIWR

Yn dy fyd, hwyrach dy fod-ti'n enwog,
ond dwi'n hŷn (yn moeli),
a go iawn, nid oes gen-i
syniad, myn tad, pwy wyt ti.

Rhys Iorwerth (Dros yr Aber)

I BERSON O FLAEN EI AMSER

Mae'r hinsawdd sydd ohoni
yn wenwyn ac yn surni,
ac un ferch fach ar gornel stryd
a'i byd yn genadwri.

Geraint Williams (Y Cŵps)

FFERMWYR

Mi welais dri ffarmwr: roedd un yn gwynfanllyd;
A'r ail yn geidwadol a hynod gybyddlyd;
A'r trydydd yn traethu'n ddi-baid am y tywydd:
Diolchais i'r nefoedd na welais bedwerydd.

Emlyn Gomer (Caernarfon)

DYLANWADWYR

(Ymgyrchwyr Black Lives Matter)

A'r dydd yn drwm ar ana'l dyn,
Yn mygu hen ochenaid,
Fe gosodd hen, hen furmur blin
Hen hwyliau llac eu henaid,
A chodi'n chwip o awel fain
Yn wynt, yn gorwynt berw,
A'u sgrech fel bollt, yn iau, a'i hawch
Wrth gyff yr hen, hen dderw.

Arwel Jones (Y Cŵps)

TAD

Rwy' yno, dan ei arweiniad, a'm tei'n
Gwlwm twt dau droad;
A nawr, er hast, rwy' wastad
Am ei wneud â chwlwm 'Nhad.

Philippa Gibson (Crannog)

SYLWEBWYR CHWARAEON

Pàs wrthol, crymanu, dihangiad, mewnwr,
Cic hosan, cael pluen, y datglwm, maswr.
Mae rhai'n werth eu ffortiwn, mae hynny'n ffaith,
A'u cyfoeth yn sgleinio yng nghampau'r iaith.

Geraint Williams (Y Cŵps)

SYLWEBWYR CHWARAEON

Mae sŵn y chwiban cyntaf fel cyffur drwy ei waed,
Ac yno wrth y llinell, mae'n dawnsio ar ei draed
Yn dweud ei ddweud am bob un cic
Fel tase pawb yn ddall neu'n thic.
Mae'i lais yn dechrau codi. *Uh-oh.* Mae'n gweiddi'n groch.
A yw e yn cael harten? Mae'n eithaf blincin coch.
Ac yna môr o ddagrau llaith;
Gôl gynta'i fab i'r tîm dan saith.

Gwennan Evans (Ffoaduriaid)

YMWELWYR

Casâf, bob haf, y teip hy
sy'n niwsans, sy'n busnesu
yn fy nhref, ar fy nhir i;
yr heidiau sy'n hir oedi
cyn ymlwybro heibio'n braf.
Wir, rywddydd, fe lofruddiaf
efo rhaw'r malwod di-frys,
lŵtars fy ngwely letys.

Rhys Iorwerth (Dros yr Aber)

UNRHYW GÂN GYMRAEG

Nid llwynog
Oedd yr haul:
Tiwn da,
Geirie gwael.

Geraint Løvgreen (Caernarfon)

HEDDYCHWYR

Does neb mwy tangnefeddus
Na ni trwy'r wlad i gyd,
Yn gweithio'n daer dros gymod
A fory brau ein byd,
Ond os oes rhai heb fentro
Cytuno efo'n nod,
Fe'u waldiwn hyd at angau
Fel na bai fory'n bod.

Tudur Dylan Jones (Tir Iarll)

TREFNYDD EISTEDDFOD

Fy syniad i'r dydodol
am lwyddiant Eisteddfodol
yw trefnu'r haul, creu maes bach hardd,
ac yna, gwahardd pobol.

Llio Elain Maddocks (Ffoaduriaid)

PENILLION YN SEILIEDIG AR UNRHYW DDIHAREB

Tonc, tonc, tonc yw sŵn y morthwyl.
Tonc, tonc, tonc. Wel iesgob annwyl!
Tonc, tonc, tonc. Rwy'n hwffian-pwffian
ond mae'r garreg 'dal yn gyfan!

Iwan Rhys (Dros yr Aber)

Roedd Anti Jên drws nesa'
yn dda am wneud pwdina',
a Mot ei chi oedd wrth ei fodd
nes tagodd ar baflofa.

Anest Bryn (Dwy Ochr i'r Bont)

Er bod 'na rai tribannau
Di-fai i'w cael, dwi'n amau,
Mai o dribannau'r byd yn grwn,
Y triban hwn yw'r gorau.

Arwel Jones (Y Cŵps)

Mi welais frân ddu'n crwydro
â'i chyw mewn pram un p'nawn,
a beth oedd enw'r cyw bach tlws?
Wel Branwen debyg iawn.

Rhian Bebb (Gwylliaid Cochion)

Cwrddais frân, ac meddai hi:
'Yli ar fy nghyw bach du!'
Ma'i 'di mynd tu hwnt i jôc
Pan fo hyd 'n oed brain yn wôc.

Emlyn Gomer (Caernarfon)

PENNILL TELYN YN CYNNWYS HEN LINELL

Mynd i'r ardd i dorri pwysi,
Canfod Beti Bwt yn golchi.
Dillad, sebon, dŵr ymhobman –
Ti'n y pennill rong y gloman!

Llŷr Gwyn Lewis (Ffoaduriaid)

PENNILLION YN BATHU GAIR NEWYDD

Pan ddaw'r hen gyfnod hwn i ben,
Daw cwmni eto i'n llonni,
A'r pleser mwyaf dan y nen
Fydd gallu dadzŵmoli.

Elin Meek (Tanau Tawe)

Dwi'n gwisgo'n broffesiynol
i bob pyjarfod sydd,
fy nghrys 'di smwddio, tei yn dwt,
a siaced ambell ddydd.
Ond dan y bwrdd dwi'n cwato
'y mhi-jeis Lerpwl i,
a chroesi popeth na fydd rhaid
'mi godi am bi-pi.

Steffan Phillips (Gwenoliaid)

Roedd rhaid cael arch XL i Wil
Cyn iddo fynd i'r ffwrn
Ac er mwyn cynnwys yr holl lwch
Bydd angen creu 'tal-wrn'.

Llŷr Gwyn Lewis (Ffoaduriaid)